土台と大黒柱が肝心！

大工の明良《あきよし》、憲法を読む

明良佐藤 著
Sato Akiyoshi

現代書館

大工の明良、憲法を読む——土台と大黒柱が肝心！＊目次

注・憲法条文にある旧かなづかいは新かなづかいに改めています。

はじめに ▼▼▼ 四十歳で田舎暮《ぐ》らしの大工。そんなわたしがどうして憲法を

わたしは東京生まれです。四十歳のとき、田舎暮らしをはじめました。山林《さんりん》を借り、雑木林《ぞうきばやし》を伐採《ばっさい》し、山の傾斜《けいしゃ》を利用して、電話電柱の廃材《はいざい》を利用して、ログハウスの自分の家づくりをはじめました。

田舎暮らしのネックは、現金をどう稼《かせ》ぐかです。わずかな貯金では、あっという間になくなります。そこで、はじめ遊具・家具づくりで現金を稼ぐことにしました。東京で二年、大工見習をして刃物を使うことはできていましたので、それを活かしました。販路《はんろ》は東京です。

ところが、仕事が順調に進むと、いそがしくなり、わが家づくりができなくなってきました。そこで五年経って方針転換。地元の大工さんの手伝いをしながら現金稼ぎをして、わが家づくりをする、です。大工さんの家づくりのノウハウを覚え、わが家づくりに活かすとともに、現金も稼げる。夏休み、冬休みには、大工仕事を休んで子どもの面倒を見ながら、家づくりに集中する、という一石三鳥の名案です。こうして、七十二歳で大工を辞《や》めるまでの二十七年間、わが家づくりと大工を並行してやってきたのです。

そんなわたしが、どうして憲法に興味を持ったのか。一見、大工と憲法は関係ない、まった

く縁遠い存在、と言われそうですが、どっこい、そうでもないのですよ。

大工は生活の拠点となる家をつくる仕事です。家づくりで、最も大事なのは、基礎《きそ》づくりと家の骨格づくり。これがしっかりとしていなければ、やがて家は傾《かたむ》き、どんなすばらしい化粧をした家でも、長く住むことができなくなります。

一方、憲法は国づくりの基礎と骨格を示しています。どのような国をつくるのかが、憲法に示されているわけです。

これは大工仕事でいうと、設計図にあたります。建て主がどのような思いで、どのような家を、家族とともに幸せに暮らすための工夫をこらすかを話し合い、大工が図面に落としていくわけです。そして、その設計図に基づいて、家づくりを進めて完成させ、依頼主に引き渡すわけです。

この家づくりの過程は、国レベルでいうと、国家づくりになりますね。

国家の設計図を、近代日本は二度書きました。明治憲法（大日本帝国憲法）と日本国憲法です。おのおのの憲法は、国づくりのおのおのの形を示し、その土台と骨格を示しているわけです。

若い君たちは知っていますか。明治憲法の設計図は、やがて日本を戦争の連続に落とし入れ、ついには一九四五年八月十五日に敗れて、三一〇万人という厖大《ぼうだい》な死者を生み出したことを。それればかりか、隣国及びアジア諸外国の人々二千万人をも殺すという悲惨《ひさん》極まりない事態を生み出してしまった、ということを。

そして、そのあと、新しい国づくりのために、日本国憲法という設計図を、戦後の日本人は書いたのです。いまはこの設計図に基づいて、国が運営されているわけです。

こう語ってくると、憲法と大工は無関係ではないでしょう。

日本国憲法の図面にそった国の運営は、戦後七十三年経っても、戦争で誰一人殺さず、誰一人も死なせなかったという、すばらしい成果を上げています。三一〇万人と二千万人の死者を生んだ戦前の明治憲法の国家づくりの図面と比べると、そのすばらしさがよくわかりますね。三一〇万人とは、秋田県のいまの人口のおよそ三倍の死者が出たということです。わずか七十数年前にです。そう、わたしが二歳前のとき。亡くなった三一〇万人とは、わたしの父母やおじ、おばの世代。君たちからいうとおじいさんやおばあさんの世代の人が、たくさんたくさん死んだのです。

そしてもう一つ、忘れてはならない大事なことがあります。その戦争で、日本人は戦った相手やその家族を合わせて二千万人、そう東京の人口の約二倍の人を、殺してしまったということです。たいへんなことをしてしまったわけです。いまの世では、人一人殺しても大事件ですね。それが二千万人です。びっくりを通り越してしまいます。考えられないことを日本人はやってしまったのです。

だから当然、殺された側の国、たとえば中国や韓国・北朝鮮、台湾では、この戦争の悲惨な歴史を、しっかりと学校で子どもたちに教えています。

一方、君たちの学校ではどうでした？　たぶん教えてくれていませんね。たくさんの死者を生んだ悲惨は同じなのに、どうしてでしょうか。

日本人は、「二千万人を殺したということは、嫌なことなので忘れたい」という思いが湧《わ》くにしても、人間として忘れてはならないことですね。それをなぜ学校で教えない。ほんとに不思議ですね。このことを頭に置いといてください。その謎《なぞ》はのちに解《と》けます。

ところで、こんなにすばらしい日本国憲法を、安倍晋三首相が二〇一五年頃から、変えると言い出して、世間が騒然《そうぜん》となりました。

「えっ、なんの大問題も起きていないのに、なんで憲法を変えるのだろう？」と、わたしは素朴《そぼく》な疑問を持ったのです。それで七十歳になって、はじめて憲法をしっかりと読んで、学んでみたのです。

そしたら、びっくり。驚《おどろ》きの連続。ほんとに憲法のことを知らなかったということがわかったのです。なにしろ、一度も学校で、憲法の条文の意味を教えてもらったことがないのですから、無理もないですね。しかも、その内容は生きていくうえで、とても大事な価値がしっかりと書かれていて、大切な文章だ、ということがわかったのです。

これから、皆さんに話す憲法は、敗戦のわずか一年後、一九四六年十一月三日に国会の討議《とうぎ》を経てできたものです。だから、二度と戦争をしない、という強い決意のもとにできています。

そう、戦争と切っても切れないのが、いまの憲法なんです。これを覚えていてくださいね。

それではこれから、わたしが憲法を読んで学んだ驚きを、生活者の感覚と、大工目線を入れて、皆さんに伝えましょう。自分たちの家づくりを担う大工の目線が、自分たちの国家づくりを判断するのに役立ちますよ。

まずは憲法ができるいきさつから。

第Ⅰ部

憲法をありのまま読んで学んだら、びっくりの連続

憲法ができるいきさつ

ＧＨＱはもともと憲法案をつくる気がなかった。ところが日本政府案に驚いて、草案をつくるしかなかった

若い君たちは、憲法ができるいきさつのこの表題に驚いたことでしょうね。

ＧＨＱとは、敗戦直後、日本に入ってきた占領軍の連合国総司令部の英文略です。日本は、アメリカとだけ戦争をしていたのではないのですね。二六カ国が最初に連合国軍に加わり、最終的には四七カ国が加わった。びっくり！　ですね。こんなにたくさんの国を相手に戦っていた。これではとても日本に勝ち目はないですね。国際的に孤立していたということです。

日本は、一九四五年八月十四日、ポツダム宣言を受け入れて、十五日、降伏《こうふく》します。その日の正午、天皇の玉音放送《ぎょくおんほうそう》で、みんな知るわけです。戦争に負けた、と。

憲法とは、その国の最高法規《さいこうほうき》です。ということは当然、その国の憲法をつくる人は、その国の人がなる。それがあたりまえですね。

ところが、日本国憲法の草案、つまり、正式な憲法になる前の憲法案は、日本人ではなく、

ＧＨＱ・連合国総司令部のアメリカ人がつくった。

「エーッ、それおかしいでしょ！　なぜ、日本人がつくらないの！」ですよね。

そう、誰でも、そう思います。ＧＨＱの長官・ダグラス・マッカーサーだって、そう思っていたのです。だから、占領軍として入ってきたとき、日本政府に憲法案をつくるように指示したのです。

ところが、出てきた日本政府案にＧＨＱはあ然。

「日本は君主国とす」

「天皇は君主にしてこの憲法の条規により統治権《とうちけん》を行う」

この条文、明治憲法の中身と変わらないのです。日本政府はこのくらいでいけると思っていたんですね。

なぜＧＨＱは、あ然としたか。それはポツダム宣言と深い関係があります。

ポツダム宣言とは、日本と戦争を戦《たたか》っている主な連合国の首脳《しゅのう》が、ドイツベルリン近郊のポツダムに集まり、話し合いをして、日本の降伏の条件を示した宣言文です。ＧＨＱの最高司令官・マッカーサー将軍は、日本はポツダム宣言を受け入れて降伏したのだから、当然それに基づく新しい憲法案をつくってくるだろうと思っていたのです。ポツダム宣言には「軍国主義の除去と民主的傾向の強化・基本的人権の確立」が書かれていたので、そのことが新憲法案に入っていなければならない、と。

ところが日本政府は、明治憲法と同じようなものを出してきた。ポツダム宣言の持つ意味を、敗北したことを、しっかりととらえていなかったわけです。

マッカーサーは、宣言の意味を真面目に考えていない、と怒った。こんな憲法案しか出せない日本政府を見限ります。急きょ方針を変更。いまの憲法の基本となった草案を、GHQの民政局に全力でつくるように指示したのです。

このとき、日本人にとって一つの光が射します。草案づくりに、日本人の民間グループが発表した憲法案が参考にされたのです。それが高野岩三郎《たかのいわさぶろう》、鈴木安蔵《すずきやすぞう》らの憲法研究会がつくった憲法案です。民政局のマイロ・ラウェル中佐は証言します。「私はこの民間草案を使って、若干の修正を加えれば、マッカーサー司令官が満足できる憲法ができると考えました。民政局の仲間も私も安心したのです。これで憲法ができると」（NHKスペシャル「日本国憲法誕生」より）

こうしてGHQ草案がつくられ、時の政府の外相・吉田茂、憲法担当国務相・松本烝治《まつもとじょうじ》らに示されたわけです。

今度は、吉田、松本らは、それを見てあ然！

「天皇がシンボルとは……、主権者たる国民の総意《そうい》に基づくとは……」

何から何まで、納得しがたいもの。（明治憲法の精神に染まっていた時の政府高官なので当然ですね。）

つまり、GHQもあ然。日本政府もあ然。それだけ双方の精神の差が大きかったわけです。

でも、日本はポツダム宣言を受け入れた敗戦国。GHQの意向には逆らえません。

そしてGHQは草案を、わずか九日間でつくったのです。これもびっくり！

現在の日本では、よく保守側からの攻撃《こうげき》で「憲法草案をつくったのはしろうとの軍人集団」との指摘がありますが、違《ちが》いますよ。大半がアメリカのトップレベルの大学や大学院を修了し、博士号取得者やロー・スクールあるいは修士課程修了者、大学で教鞭《きょうべん》をとった経験者あるいは下院議員の経験者もいるという多士済々《たしせいせい》の面々なのです。

なぜ九日間でつくったか。そうせざるを得ない理由があったんです。天皇制の廃止《はいし》を主張している国々〔ソ連（現ロシア）、オーストラリア他〕が入っている極東委員会《きょくとういいんかい》（連合国が日本を管理するための政策機関）が、動き出す前にどうしても、つくらなければならなかったのです。そう、マッカーサーは、天皇制を利用して、日本を統治《とうち》することを考えていたのです。戦犯として処刑したりせず、生かしたまま天皇に協力を求めるということです。なぜなら、天皇のために命を投げ出し、戦死すらもいとわない日本国民が「天皇が殺された」と聞けば、怒り、暴れだし、混乱が長くつづくことは十分予想されたからです。アメリカでは、戦争中に日本人の精神性を研究していて、それは十分わかっていたのです。（アメリカは用意周到《よういしゅうとう》ですね。）

そして、その判断はズバリ的中しました。

戦争責任を逃れた天皇は、敗戦直後に全国各地を訪れ、国民を励まし、復興を後押ししました。また、独立後も長期間、米軍が沖縄を使用することを希望する天皇の「沖縄メッセージ」を一九四七年九月に出しました。これが現在の沖縄の、普天間基地辺野古《ふてんまきちへのこ》問題等で知られる、沖縄の米軍基地問題の原点です。

そして戦後の日本が、アメリカに盾つけないはじまりなのです。


大工の目線で、このいきさつを見てみましょう。

戦争に敗れ、焼け野原になった日本のこれからの憲法をどうするかのやり取りは、いままで住んでいた家が焼け落ちてしまって、これから新しい家づくりをどのようにしたらいいかと、家の設計図をめぐってのやり取りがここに現れている、ということです。

占領軍は「君たち日本人の住む家の設計図案を君たちがつくりなさい」と言った。これはいいですよね。ところが、日本政府が出してきた設計図は、明治憲法と大差がないものだった。つまり焼けてしまった家の図面を出してきた。いままで住んでいた家をそのまま再建したい、と言うわけです。

でも、明治憲法の家は、戦争に次ぐ戦争で、台湾《たいわん》、朝鮮《ちょうせん》、中国の領土を取り、ついには真珠湾《しんじゅわん》攻撃をして、「大東亜《だいとうあ》戦争」を起こして欧米諸国と戦い、日本人だけでなく、隣国及びアジア諸外国の人々まで大勢《おおぜい》殺してしまったのですから、その家の体制をそのまま再建するということは、勝者である連合国が認めるわけがないのです。しかし当時の指導者たちはそのことよりも、天皇を頂点にした明治憲法の家（当時、国体と呼んでいました）を敗れても維持したいと願っていたのですね。なにしろ敗戦直前、ポツダム宣言を受諾するかどうかのときに、「国体が保障《ほしょう》されるのか」ということばかりを問題視し敗戦を引き延ばし、その間、どんどん戦死者が出ていたのに、命より国の体制を守る、ということを優先した日本政府なのですから。

日本人が戦争で勝っていればたどり着けないこの前文

前文

日本国民は、正当に選挙された国会における代表者を通じて行動し、われらとわれらの子孫のために、諸国民との協和《きょうわ》による成果と、わが国全土にわたって自由のもたらす恵沢《けいたく》を確保《かくほ》し、政府の行為によって再び戦争の惨禍《さんか》が起ることのないようにすることを決意し、ここに主権が国民に存することを宣言し、この憲法を確定する。そもそも国政は、国民の厳粛《げんしゅく》な信託《しんたく》によるものであって、その権威《けんい》は国民に由来《ゆらい》し、その権力は国民の代表者がこれを行使し、その福利《ふくり》は国民がこれを享受《きょうじゅ》する。これは人類普遍《じんるいふへん》の原理であり、この憲法は、かかる原理に基く《もとづ》ものである。われらは、これに反する一切の憲法、法令《ほうれい》及び詔勅《しょうちょく》を排除する。

日本国民は、恒久《こうきゅう》の平和を念願《ねんがん》し、人間相互の関係を支配する崇高《すうこう》な理想を深く自覚するのであって、平和を愛する諸国民の公正と信義《しんぎ》に信頼《しんらい》して、われらの安全と生存を保持《ほじ》しようと決意した。われらは、平和を維持し、専制《せんせい》と隷従《れいじゅう》、圧迫《あっぱく》と偏狭《へんきょう》を地上から永遠に除去《じょきょ》しようと努めている国際社会において、名誉《めいよ》ある地位を占《し》めたいと思う。われらは、全世界の国民がひとしく恐怖《きょうふ》と欠乏《けつぼう》から免《まぬ》かれ、平和のうちに生存する権利を有《ゆう》することを確認する。

われらは、いずれの国家も、自国のことのみに専念《せんねん》して他国を無視してはならないのであって、政治道徳の法則は、普遍的《ふへんてき》なものであり、この法則に従《したが》うことは、自国の主権を維持《いじ》し、他国と対等関係に立とうとする各国の責務《せきむ》であると信ずる。

日本国民は、国家の名誉《めいよ》にかけ、全力をあげてこの崇高《すうこう》な理想と目的を達成することを誓《ちか》う。


どうですか、君は、読んでみて。少しむずかしい、硬《かた》い文でしたか……。

わたしもそう思います。しかし内容が大事ですよ。ゆっくりと文を押さえて読むと、格調《かくちょう》高い、内容の濃《こ》い宣言文であることがわかります。

拍手をもって応えたい、という気持ちが起こります。すばらしい、と手放しで絶賛《ぜっさん》する人もいます。一方、日本語としてなっていない、と批判する人もいます。君はどう思いますか？

わたしはとてもいいものだと思っているのですが、一方、手放しでは喜べないのです。なぜなら、この文を書いたのは日本人ではなく、GHQ民政局のアルフレッド・ハッシー中佐だからです。アメリカの軍人なのです。それをはじめて知ったときのわたしの声は「えーッ！　ほんとなの？　なんか信じられない！」です。

そうなんですね。憲法草案はＧＨＱがつくったことは先に述べましたよね。

ハッシー中佐は、アメリカ軍の一員として、全体主義（ファシズム）・軍国主義の侵略《しんりゃく》から民主主義を守り、あるいは民主主義を獲得するのだ、と戦った連合国軍（ＧＨＱ）の一員です。自分たちが血を流しながら、ついに民主主義を勝ち取ったのです。その証《あかし》として、新憲法前文を、ふがいない日本政府に代わって、偶然《ぐうぜん》にも起草《きそう》する役割を与えられたというわけです。だから新憲法前文は、彼によって魂《たましい》を込め、高らかにうたわれているわけです。

その内容は、有名なアメリカ独立宣言や合衆国憲法、リンカーンのゲティスバーグ演説、そしてマッカーサーノート等を参考にして書かれている、といわれています。

ここで、君たちの心に入れておいてほしいことがあります。

日本は民主主義を守り獲得する側ではなく、全体主義・軍国主義の側で戦った国だということを覚えておいてください。勝っていれば、この前文のような民主主義の国に、主権在民の日本にはなれなかったということです。

戦前・戦中の日本は、主権在民と民主主義の国と対決した国なのです。

そして敗れた日本政府は、国会審議《しんぎ》を経て、この前文を受け入れたわけです。ここが大事です。書いた人はアメリカ人であっても、それを承知で、その内容を日本の議会は受け入れたのです。

日本政府はこの前文のような案文を示せなかったのですから。

当時の政府高官は、日本人の習いである上下関係を意識して、明治憲法下での、最上位者・主権を持つ天皇に遠慮《えんりょ》して（そう、いまのはやりの言葉で言えば、忖度《そんたく》して）あの明治憲法と変わらない憲法案を、ＧＨＱに対して出した情けない姿なのです。

私たち日本人は、天皇主権ではなく、主権在民と平和と平等と民主主義を心からよしと思うなら、この前文を心して受け入れなければなりません。

なぜ、心してと言うのかは、この憲法前文にたどり着くには、私たち日本人三一〇万人の死者と、隣国及びアジア諸外国の人々二千万人の厖大《ぼうだい》な血が流されているということを忘れてはならないからです。

この悲劇なしに、この前文にたどり着けない。日本人が勝っていれば、軍国主義が闊歩《かっぽ》して、それを支える家父長制度《かふちょうせいど》の上下関係や男尊女卑《だんそんじょひ》の精神が、さらに強化されたのです。

つぎに前文の内容を見てみましょう。

この前文の内容は、戦前・戦中の明治憲法下では考えられないほど革命的です。

少し硬いところはあるのですが、理想に燃え、すばらしいものです。

たとえば、二節後半では「われらは、平和を維持し、専制と隷従、圧迫と偏狭を地上から永遠に除去しようと努めている国際社会において、名誉ある地位を占めたいと思う。われらは、全世界の国民がひとしく恐怖と欠乏から免《まぬ》かれ、平和のうちに生存する権利を有することを確認する」とうたっているのです。積極的に国際社会の中で、平等と差別と貧困除去のために活動することを約束しているのです。

さらには「いずれの国家も、自国のことのみに専念して他国を無視してはならないのであって、（中略）自国の主権を維持し、他国と対等関係に立とうとする各国の責務であると信ずる。日本国民は、国家の名誉にかけ、全力をあげてこの崇高《すうこう》な理想と目的を達成することを誓う」と宣誓《せんせい》しているのです。

君はこの憲法の理想をどう思いますか。

わたしは、とてもいいと思います。というより、日本の国は、このような理想を掲《かか》げている国だとは、いままで思ってもみなかったのです。七十年生きてきたにもかかわらずです。

いまの飽食《ほうしょく》の時代と貧富の格差が拡大する日本に住む私たちは、理想を語る余裕がなく、いまを生きるのに精いっぱいで、刹那的《せつなてき》に生きるのがあたりまえになって、理想など描けない時代になっている、と思っていました。

でも、ほんとに「灯台もと暗し」でしたね。

この憲法に、この前文に、日本国民の理想が高々と掲げられているじゃありませんか。

「平和を維持し、専制と隷従、圧迫と偏狭を地上から永遠に除去しようと努めている国際社会において、名誉ある地位を占めたいと思う」ですよ。

君たちに、若者にどんどん予算をつぎ込んで、高い教育を施し（大学までの無償《むしょう》化）、国際社会にどんどん出ていってもらって（海外青年協力隊もその一つ）、貧富の格差是正、平等、戦争放棄のために活躍してもらうことが国の務めであり、主権者である私たちが国に要求することなのですから。むろん、国内に対しても、です。（軍備を増強《ぞうきょう》して、世界第八位の軍事大国になれ、とはどこにも書いていませんね。）あらためて言うと、こんなすばらしい国の骨格を持っているのが、戦後の日本の国なのです。ほんとに気づくのが遅かったですね。もっとも、それはある意味あたりまえですね。なにせ、学校で憲法の条文をきちんと教えてもらっていないのですから。多くの人に聞いてみても、条文の一つひとつを教えてもらっていない、と言います。

軍備を持つのがあたりまえと考える支配層をバックとする自民党政権は、非武装を掲げる憲法内容を一切、学校で教えない政策をとり続けてきて、総仕上げとして、いよいよ戦争のできる国にするための憲法九条改正をしようとしているのです。

残念ながら、この憲法前文の内容はいまだ実現されていませんね。

憲法改正を言う前に、なぜ実現できていないことを話し合わないのでしょう。自民党政権は中身の実現より「とにかく変えたい」が先走っています。私たちは、社会の中や心の内に残っている上下関係の意識や差別意識を克服する不断の努力を重ねて、この憲法の中身を闘い取らねばならないのです。待っていては、このアメリカ人の魂に取って代わって、前文を自分たちのものにすることはできません。

………………………………………………………………………………

前文を大工の目線で見ましょう。この前文は、新しい国づくりの基本のエッセンスをまとめた宣言文です。家づくりで言うと、これから建てる家は、どのようなコンセプト（全体を貫く骨格となる考え方）でつくるかを書いたものです。むろん、注文住宅なら建て主と十分話し合ってできたものです。建売住宅だと、この家がどのような考え方で、お客さんの注文に応える内容になっているかを説明したものです。

日本国憲法の前文は、建て主（主権者）と十分話し合ってできたものではありませんね。あくまで上から降りてきたものです。いわば提示された住宅のコンセプトをそのまま認めたに近いですね。（一部は日本側提案の条文が入っています。）

でも、このコンセプトは読んでみると、私たち民にとっては、すばらしいものであることがわかりますね。世界に通用する理想が書かれているからです。

ということは、日本国を運営する取扱い説明書でもある憲法にすばらしいことが書いてあるのに、戦後の長期自民党政権下では、自主憲法をつくる以上、憲法を積極的に利用しないという態度をとってきたために、憲法の取扱い説明書に書かれている機能を十分使っていない。せっかく日本国憲法という国を運営するための取説（トリセツ）をすべて使い切れば、世界的な機能を発揮できるのに、まったく使っていない。それなのに、使い勝手が悪いから、すぐ取り換えよう、と言ってるのが、自民党が主張する憲法改正ということになります。まったく恥ずかしい使用態度、ということです。

第一章　天皇

敗戦による革命で得た「主権在民」

第一条　天皇は、日本国の象徴《しょうちょう》であり日本国民統合《とうごう》の象徴であって、この地位は、主権の存する日本国民の総意に基《もと》づく。

この第一条はとても大事な条文です。憲法の冒頭に来ているだけの意味がありますよ。なぜなら、若い君たちだけでなく、私たち全国民の天皇に対する立ち位置が書いてあるからです。これが、びっくりなのです。後半をよーく見てください。

〝天皇の地位は国民の総意に基く〟とは、国民の総意が望まなければ、天皇の地位をなくすことができる。つまり、象徴天皇制の地位を廃止することができる、ということです。

これ、驚きではないですか。そんなことが憲法に書いてあるなんて！

それだけ主権在民は強い。ここに、革命があるのです。

「革命！　そんな！」です。

なぜ革命かというと、明治憲法では、天皇は三権、立法・行政・司法のすべてを支配し、軍隊を支配する大権をも持つ存在。その天皇がただの象徴になり、明治憲法下では天皇の赤子《せきし》といわれた国民が主権者となった！　権力が一八〇度逆転。

まさに革命がなければ起こり得ない条文なのです。だから吉田茂らは、あ然とした。何から何まで受け入れがたい。

では、どうして日本政府は受け入れたのか。ＧＨＱは、この案が受け入れられなければ、天皇の戦争責任を問う勢力から天皇を守ることはできない、と言ったのです。それで吉田ら政府は、やむなく受け入れた。

つまり天皇を守ることによって、ＧＨＱ草案第一条が、現憲法第一条となって、この革命は実現した、ということです。

これによって天皇主権・立憲君主制から、国民主権・民主制への大転換が行われたのです。

しかしこの革命は、日本の民が王政を倒して勝ってなったのではなく、戦争に敗れて起こった。

それが悲しい。

日本人三一〇万人と隣国及びアジア諸外国人二千万人の死者を出して、です。勝っていれば明治憲法のまま。国民主権ではありません。天皇主権のままです。それだけの血を流さなければ得られなかった主権在民の憲法なのです。

大切にしたい。

大工の目線で言うと、この第一条は、焼け跡《あと》に新しく建てた家の大黒柱《だいこくばしら》なのです。しかも、前の家と同じ家を建てたのではない。建て方を抜本的《ばっぽんてき》に変えたのです。

前の家は、戦前にあった家父長制によって、タテ系列の建て方で、すべてが上下関係で構成され、最上位者の頂点に立つのは、主権を持つ天皇だった。

この高くそびえるタテ系列の建て方が大崩壊《だいほうかい》して多数の死者を出したので、建て方を革命的に変えたのです。国民すべてが平等に並列に立つ、いえば平屋式《ひらやしき》にしたのです。おのおのが地面に立って支えていますので、大崩壊する危険がない、というわけです。

そこで問題は天皇のあつかいです。

戦前、主権者である天皇を、その取り巻き連中がさんざん利用して大惨事《だいさんじ》を招いたので、その弊害《へいがい》を取り除くため、高いところから降りてもらう。新たな主権者である国民と同じに平屋に住んでもらう。ただしシンボルとなってもらう。シンボルは何の権限もないが、焦土《しょうど》と化した都市を巡って、復興《ふっこう》のシンボルとなってもらう、ということに落ち着いた、ということです。

「全身全霊をもって国民に寄りそう」ことが象徴天皇のつとめであることを宣言し、実践しているのが、いまの天皇です。

【第一条深掘り】「主権」を「至高の総意」と訳して、消そうとした日本政府

君たちは、この表題をどう思いますか。主権とは「私たちが主権者」と言うときの主権です。このことを知ったとき、わたしは驚きました。

「主権を消そうとした。日本政府が！　エーッ、ホント。なんか信じられない。もしそうだったら、私たちは主権者、と言えなくなっていた。政府は何を考えていたの！」

主権はとても大切ですよ。主権在民、国民主権の主権ですから。

「主権者は私たち」という声が、あたりまえのように飛び交っている現在ですから、政府が消そうとしていたと思うと、ホントに驚いたのです。

調べてみると、この主権について一九四六年七月、憲法改正草案の衆議院の審議途中で、重要なやり取りがあったのです。（『図説　日本国憲法の誕生』西修著より）

「ＧＨＱ案」作成の運営委員長・チャールズ・ケーディス大佐が、憲法担当国務大臣・金森《かなもり》徳次郎《とくじろう》を呼び出して言ったのです。

「政府案には、本来『主権』と訳されるべきところ、『至高の総意』とされている。たとえば前文では『国民の総意が至高なものであることを宣言し』とあり、第一条は『……この地位は、日本国民の至高の総意に基く』とされているが、これでは主権の本来的意味が表されていない。どういうことか」と説明を求めたそうです。

これに対して、金森国務相はこう答えます。

「議会で『至高の総意』の意味を何度も説明してきているし、問題ない」と。

たしかに、議会で何度もそう答弁しています。

ケーディス大佐との二回目の会談で、大佐は「国民主権を明記しなければ、ソ連やオーストラリアからクレームが出るに違いないし、マッカーサー元帥が日英両文の違いに気づかなかったほど馬鹿だったのか、と言われかねない」と言ったのです。

それでも金森国務相は食い下がったのですが、日本側に選択の余地は残されていなかった、ということです。なにせ日本は、戦争に負けたほうですからね。

このやり取りを見て、日本人なのにわたしは「よくぞケーディス大佐、言ってくれた」と拍手をしたい気持ちになったんです、ホントに。日本の議員は、主権の大事さがわかっていないんですね。議会で自由党の北昤吉《れいきち》議員がこう言っています。むずかしい言い方が入りますが、ゆっくり読めばわかります。「君」は天皇のことです。

「私は日本は昔から君民共治の国柄で、もし主権という言葉を用いるならば、君民を総合せる全体に主権があって、西洋のごとく君主と直接国民大衆との政権争奪の歴史がなく、一君と万民とは大体において融合《ゆうごう》して来たという信念は変わらないのであります」と。つまり、天皇と国民は融合していて、その全体に主権があるという、びっくりの考え方です。

家父長制の家は焼け落ちて、占領軍が入っているのに、精神はなかなか変われないのですね。

皇位は世襲《せしゅう》？ どうしたの？ これでは明治憲法と同じでは……

> 第二条　皇位は、世襲《せしゅう》のものであって、国会の議決した皇室典範《こうしつてんぱん》の定めるところにより、これを継承《けいしょう》する。

君はこの第二条を読んで、疑問を感じなかったですか？

第一条では〝天皇の地位は日本国民の総意に基く〟と言ってましたね。だったら、皇位、天皇の地位の継承は世襲ではなく、国民の総意、たとえば国民投票で選ぶとか、国民の代表者で構成される国会で選ぶとかが普通ですよね。それがなんで、世襲になっちゃうの？　です。

実はこの第二条、調べると明治憲法第二条とほぼ同じということを発見しました。びっくり、ですね。「皇位は皇室典範の定むるところにより皇男子孫之を継承す」となっています。違うのは「皇男子孫」を削り、「世襲のものであって」と「国会の議決した皇室典範」が加わったことです。男子だけでは、憲法の男女平等に違反するので削り、その代わり、わざわざ「世襲」を入れたということです。

第一条で、天皇主権から国民主権に革命的に大転換したのに、この第二条ではそうなっていない。

でも、「天皇は世襲ですよ」ということは、日本人なら誰でも納得しそうですね。ずっとそうでしたから。かえって国民投票で天皇を選ぶとなったら、みんなびっくりするかも……。

この条文の不思議議は、政治的妥協《だきょう》の産物だからです。GHQは、天皇を占領統治に利用したいために、民主化に抵触しない範囲で、天皇制を残したというわけです。つまり皇位の継《けい》承《しょう》の仕方は世襲だが、「国会の議決した」皇室典範による、を入れて民主制にしたわけです。つまり、女性天皇も可能になっている、ということです。「女性天皇反対」に根拠はありません。(皇室典範とは、皇室に関する基本法のこと。皇位は長男子が継ぐとなっている。)したがって、国会の議決で皇室典範の内容を変え、国民投票によって天皇の継承を決める、と変えることもできる、ということです。(ただし、世襲は憲法で決まっているので、変わらない。)

一見、古い感覚のこの第二条の内容にも、前提に民主主義が貫かれているということです。

調べると、戦前の皇室典範、つまり家父長天皇制国家の下の皇室典範は、明治憲法と並んで日本の根幹をなす最高法典、と見なされていて、その制定・改正には、国民や帝国議会は、一切関与できない、とのこと。

「たしかに天皇が神とされている以上、下々《しもじも》の者が関与できるものではない！」ということですね。

それが新憲法では議会の議決で変えられるというのですから、この第二条にも大転換があるということになりますね。

大工の目から見ると、これは古い家と新しい家の折衷《せっちゅう》でできているということです。ただし、家全体は新しい日本国憲法の家としてできていて、その中の一部に古い戦前の家父長制の明治憲法の工法を取り入れている。とくに、この天皇の章では、それが著《いちじる》しいということです。あとで出てきますが、他の条文でも明治憲法の家の工法をそのまま使ったものがあります。

天皇はいいなりになるお人形ですか？

第三条　天皇の国事に関するすべての行為には、内閣の助言と承認を必要とし、内閣が、その責任を負う。

この条文をよく見てくださいね。天皇の国事行為は内閣が責任を持つ、となっていますよ。うらを返せば、天皇のすべての国事行為に、天皇に責任はない、と言っているのです。これ、驚きですよね。普通大人なら、誰でも自分の行為には、責任を持ちます。責任があるからこそ、大事な行為となるのです。ところが天皇の国事行為とは、庶民の行為とは比べ物にならないくらい大事な行為なはずなのに、天皇には責任はない、と言う。

これなんなの？　です。

天皇はただのお人形ですか？　と言いたくなりますよね。

実は日本国憲法では、天皇に歯止めをかけているのです。

責任はすべて内閣が持ちます、ということで。天皇は内閣の言う通りにやってください、それからはずれたことは認めませんよ、承認が必要ですよ、と。

これではほんとに、いいなりになるお人形と同じです。天皇の人格はどこにあるのか、です。

（言いたいことを言ってはいけないなんて、ほんとに可哀そうです。）

なぜこんなことになるのかは、戦前、戦中の歴史が語ってくれます。

厖大《ぼうだい》な死者を出した先の大戦は、天皇の存在なくして、あり得なかったのです。神とされた天皇の言葉が、日本人の戦意を高め、天皇のためなら、死ぬことをいとわないと、人々を一億一心のかたまりにして、「欲しがりません。勝つまでは」と耐乏生活をこらえさせ、「鬼畜米英を竹やりで倒せ」とまで言って、戦わせたのですから。

「天皇陛下が、朕《ちん》とともに死んでくれとおっしゃったら、みんな死ぬわね」と妻がいった。私もその気持ちだった。

（高見順『敗戦日記』より）

この悲惨な戦争体験の反省を踏まえ、天皇は意思をもって国事を行ってはならないと、人形のような存在になったのです。

大工の目で言えば、天皇は古い家・明治憲法下の国家の主人でした。しかし、家は焼け落ち、多数の死人まで出してしまったので、運営者としては失格で、主人の交代が起こったわけです。主権者の交代です。

古い家の工法とはまったく違う新しい工法でできた新しい家の主人は、若い人に任せ、古い家の主人であった天皇は、実権を奪われ、隠居に等しい、家業に口出しできない身分、象徴になったのです。それが新しい日本国憲法の家の天皇の位置なのです。戦争で敗けた古い家の最高権威者で、最高実力者だった者が生きていくには、通らなければならない道なのです。

天皇、マッカーサーを訪ね「私自身をあなたの代表する諸国の採決に委ねる」と、無私の姿を示す

> 第四条　天皇は、この憲法の定める国事に関する行為のみを行い、国政に関する権能《けんのう》を有しない。
> 2　天皇は、法律の定めるところにより、その国事に関する行為を委任《いにん》することができる。

この条文は、天皇は国の政治に口出ししてはいけません、この憲法に定める国事行為のみを行いなさい、ということですね。前条で、内閣の言う通りにしなさい、となっているのに、さらに念押しの歯止めをかけているということです。それだけ、戦前・戦中の天皇の威力《いりょく》がものすごかったということです。ほんとうに、政治についてはお人形のようになりなさい、と言われているわけです。(「私」が出せないのですから。)

君たちは天皇が可哀そう、と思いますか?

これでは天皇の人権侵害はOKと認めているように聞こえます。でも天皇はその役割を引

き受けているのです。それが象徴天皇制なのです。その初代は昭和天皇です。三一〇万人と二千万人の死者を出した戦争の最高責任者です。

これ以上、戦争をつづければ、国が崩壊することを自覚して、ポツダム宣言の受諾を、自ら決定した人です。敗戦を受けて、極東国際軍事裁判所で、天皇の戦争責任を追及する声が高まる中、天皇は、占領軍最高司令官・マッカーサー将軍を訪ね、こう言います。

「政治、軍事のすべての決定と行動に全責任を負うものとして、私自身をあなたの代表する諸国の採決に委《ゆだ》ねるためにお訪ねした」と、無私の姿を示します。

これにいたく感動したマッカーサーは、死刑を要求する勢力から天皇を守ることを決断します。もし天皇を戦犯で裁けば、日本への無血侵攻を果たす際に、天皇の尽力を要求し、その通り順調に進んでいる占領政策が崩れるからです。

そしてそのとおり、責任を免《まぬか》れた天皇は、全国各地をまわり、国民から大歓迎され、日本を元気づけたのです。これが象徴天皇制のはじまりです。

ですから、天皇は無私であることを、受け入れているのです。

四条二項は一時的に病気になったとき等は、臨時代行を置けます、ということです。

天皇の生前退位で浮かび上がった摂政《せっしょう》

第五条　皇室典範の定めるところにより摂政《せっしょう》を置くときは、摂政は、天皇の名でその国事に関する行為を行う。この場合には、前条第一項の規定を準用する。

若い君たちには「摂政とはなに？」でしょうね。

摂政とは、天皇が成年に達しないときや、長期にわたる病気等により国事を行うことができないときに置かれます。天皇とは一生、天皇を辞《や》めることができないからです。

でも、いま生前退位が可能になりましたね。天皇自身の提案に基づいてです。高齢になり、象徴天皇の行為を全身全霊でやることが体力的にむずかしい、となったので、病気になる前に退位して、若い皇太子に天皇の座を譲りたい、という意思表明をしたからです。

私は思うのです。天皇も人間です。戦前のような神ではありません。病気になっても、老齢で体力がなくなっても、天皇を辞めるな、というのは酷《こく》です。

天皇は八十二歳になっても、年間千以上の職務をこなしているのです。これは高齢者にとって、過酷《かこく》と言っていいくらいの、仕事のやり過ぎではないでしょうか。

私たち庶民には、定年退職があります。七十を過ぎれば、いいかげん体力が落ちます。ゆっくりして、充実した人生の最後の歩みを、誰でもがしたいものです。天皇だって人間ですから。八十、九十になっても、病気になるまで働け、病気になったら代行を置け、というのは、戦前の天皇が神の時代のことで、神は人間と違って定年がない、という考えに基づいているのではないでしょうか。

摂政が置かれた事例があります。大正天皇が病気になったとき、のちに昭和天皇になる皇太子が五年間、摂政を務めました。一九二六（大正十五）年十二月二十五日に、大正天皇が亡くなり、自らが天皇になるまでです。ただし、このときは戦前ですので、天皇の代行者は、天皇と同じように大権を持つ者として、政治を当然やっていい立場です。戦艦「金剛《こんごう》」で、台湾を視察したり、戦艦「長門《ながと》」で、樺太《からふと》を視察したりしています。

戦前の天皇は、軍事組織の頂点に立つ人でした。

天皇は内閣総理大臣と最高裁判所の長官を任命する

第六条　天皇は、国会の指名に基いて、内閣総理大臣を任命する。
2　天皇は、内閣の指名に基いて、最高裁判所の長たる裁判官を任命する。

天皇が内閣総理大臣と最高裁判所の長官を任命する、と聞いて、君たちはどう思いますか。びっくりしますか。「え、そんな力を持ってるの?」と。

一見、大きな力を持っているように読めますが、国会の指名と、内閣の指名に基いて、とあるように、天皇の意思によって決められるのではなく、任命は形式的、儀礼的なものです。天皇は政治をやってはいけない、ということが、ここでも貫かれていますよ。

でも一方、ここを通らないと、総理大臣も最高裁の長官も就任できないのはたしかですね。これが象徴天皇制の意味なのです。

この国の大事な政治は必ず天皇を通さなければ動けない

第七条　天皇は、内閣の助言と承認により、国民のために、左の国事に関する行為を行う。
一　憲法改正、法律、政令及び条約を公布すること。
二　国会を召集すること。
三　衆議院を解散すること。
四　国会議員の総選挙の施行を公示すること。
五　国務大臣及び法律の定めるその他の官吏の任免並びに全権委任状及び大使及び公使

の信任状を認証《にんしょう》すること。
六　大赦《たいしゃ》、特赦《とくしゃ》、減刑、刑の執行《しっこう》の免除及び復権を認証《にんしょう》すること。
七　栄典《えいてん》を授与すること。
八　批准《ひじゅん》書及び法律の定めるその他の外交文書を認証《にんしょう》すること。
九　外国の大使及び公使を接受《せつじゅ》すること。
十　儀式を行うこと。

天皇の国事行為はこんなにたくさんあるのですね。しかも重要なことばかりで、驚きます。いかに国の政治の最も重要なあらゆる場面に天皇が出てくるのかが、これでわかりますね。この国の重要な政治は、天皇を必ず通して成り立っている、ということです。天皇を通さない重要な政治はない、と言ってもいいくらい。

もし仮に、天皇が印を押すことを拒否すれば、たちどころに政治はマヒする構造になっている、ということですね。（もっともそれをすることは、象徴天皇制をひっくり返す意思を持っている場合、ということですが。）

それがこの国は、民主主義国家ではあるが、象徴天皇制国家でもあるという証《あかし》です。

ただし、その天皇の国事行為の中身は、内閣の助言と承認が不可欠であることを冒頭にすえて、天皇は権力行使ができないように歯止めがかけられています。戦前の天皇大権国家ではありませんよ。民主主義国家が基本ですよ、と。

戦前のような、御前会議《ごぜん》（天皇を囲んだ閣議《かくぎ》）での政治決定はできないようになっている、というわけです。


大工の目から見ると、平屋に降りた戦後天皇のシンボルの中身がわかりましたね。復興のシンボルだけではないのですね。平屋の中で、たいへんなことをやっていますよ。外国で言えば、大統領がやるようなことをやっていますね。主権者は私たち国民ですから、国民に変わってやっているということでしょうけど、私たちの代表である議員のトップ、内閣総理大臣がいつも控《ひか》えにいる、という姿は、なんかヘン。戦前の大権《たいけん》を持つ天皇のイメージを持ちだしています。シンボル以上のことをやっていますね。天皇は国事行為が多くて大変なのですから、国会の召集や衆議院の解散や選挙の施行は、国民の代表のトップである総理大臣がやることがあたりまえではないでしょうか。

もっとも、いつも議員や大臣が情《なさ》けないことをやっているので、天皇のほうがいい、という声も聞こえてきそうです。議員を選ぶ私たちが賢く選んでいない、ということにもなりますね。

天皇家の財産の内情なんて知ることができるの？

第八条　皇室に財産を譲り渡し、又は皇室が、財産を譲り受け、若《も》しくは賜与《しよ》することは、国会の議決に基かなければならない。

若い君たちに質問です。私たちが、皇居の二重橋の奥にある天皇家の財産を調べたりして、知ることはできるか、できないか、どちらだと思いますか？

皇室のことは畏《おそ》れ多くて、なかなか近づけないという感覚を、多くの日本人は持っています。一般の家の内情である家計状況を、外部の者が知るのは失礼ですね。当然、のぞいちゃいけないこと。ましてや畏《おそ》れ多い天皇家の財産と家計をのぞくなんて、とてもできやしないし、やってはいけないことでしょ、と思いますか？　どうでしょう？

答えは、できる、です。この第八条をよく見てみてください。条文の賜与《しよ》は難しい字ですね。辞書を見ると「身分の高い者が目下の者に金品を与える」となっています。したがって、内容は「皇室の財産の変更は、主権者である国民の代表である国会の議決が必要」ということです。

皇室財産も主権在民が貫かれているのです。国民の代表である議員が、変更内容を検討するのですから、当然、国民も知ることができる、というわけです。皇室財産を国民が知ることができる理由に、もっと本質的なことが、つぎの憲法条文に書いてあります。

第八十八条　すべて皇室財産は、国に属する。すべて皇室の費用は、予算に計上して国会の議決を経なければならない。

びっくり！　ですね。すべての皇室財産は皇室のものではなく、国のものとは！

つまり国のものとは、主権在民のいま、皇室財産は国民のもの、私たちのもの、ということです。これ、ホントに驚き。

もっとも、私たちのものだから、私が勝手に使っていい、とはなりませんよ。私たちのものとは、共有財産なのですから、それを使うには、私たちの議論の下《もと》での合意が必要ということです。私たちの最大の議論となると、国会での議論、ということです。

でも、なぜ皇室財産は私たちのもの、ということが広く知られていないのでしょう。

それははっきりしています。憲法の中身を学校で教えていないからですね。

この条文こそ、皇室財産の冒頭の八条にきてもいい大事なものです。

ということならば当然、畏《おそ》れ多くて近づけない、ではなく、当然知る権利があるということですね。宮内庁に無駄がないかをチェックできるし、しなければならない、ということです。

そこで、これからあまりにも知られていない憲法第八条の、皇室財産のあれこれを、深掘りで見ていきましょう。主権者である私たちが知る必要がある中身です。

【第八条深掘り①】

天皇の財産はGHQ革命によって国民のものになった

君たちは戦後生まれなので、戦前の皇室のことは知らないと思うけど、戦前、皇室の財産は当然、皇室のものでした。

なぜなら大権を持ち、現人神《あらひとがみ》（人間の姿で現れた神）と言われた天皇の家の財産が、国民のものであるはずがありません。当時は国民ではなく、臣民《しんみん》（君主国での君主の支配対象とされる者をいう）や天皇の赤子（天皇を親に見立て、臣民を子に見立てる）とも言われていたのですから。

そこで皇室経済について、このへんの事情を書いた専門家の本を開いてみましょう。

『天皇に関する12章』南方紀洋《みなみかたのりひろ》著（晩聲社）では、こう書いてありますよ。

戦前の皇室の経済は、いわば自営業で、莫大《ばくだい》な財産を持っていた。御料林《ごりょうりん》や御料牧場、株券や公債などによる収益のほか、年間四五〇万円の国庫補助を受けていた。当時公表された資料によれば、当時の資産評価額は三七億七五〇〇万円。（むろん、これは当時のお金の話です。）

一九四六年の国の一般会計予算は一三六八億円ですので、天皇家の資産は約三％弱です。少ないようですが、文部省の予算が二二億九六〇〇万円ですので、やはり莫大な資産です。

この資産が、敗戦によって財閥解体と同じように処理された、と書かれています。

財閥解体とは、GHQによる戦争協力大企業・三井、三菱、住友、安田財閥などの解体を指します。

そして、皇室も、財閥と同じように莫大な資産を持って、戦争を担った責任を取らされ、皇室財産にも、つぎのような革命が起こったのです。

明治憲法下での主権を持つ天皇が、その主権を国民に渡して、ただの象徴となったように、皇室財産も、天皇のものから国のもの、主権者である国民のものになったのです。

（ほんとですか！　皇室のものが、国民のもの、私たちのものになったのですか！　驚きですね！）

そうなのです。具体的に言うと、土地、建物、立木、林野、有価証券、美術品、預金、現金等に対して、超過累進課税《ちょうかるいしんかぜい》が適用された結果、三三億三八〇〇万円余が一九四七年三月までに国庫に納入され、残りの資産もほとんど国に移管されたのです。むろん、この処置を日本政府ができるわけがありませんね。

ＧＨＱの力によって行われたのです。

天皇家の手元に残ったのは現金一五〇〇万円と、身の回りの調度品と美術品などです。（ただし、宗教施設の宮中三殿《きゅうちゅうさんでん》や三種の神器《じんぎ》は、天皇の私的なものとなっています。）

こうして、皇居や東宮御所《とうぐうごしょ》をはじめ、各皇族の家屋敷、那須・葉山・下田の各御用邸、そして京都御所、奈良の正倉院、陵墓《りょうぼ》などは、すべて国のもの、主権者である国民のものになったのです。

（へえー、京都御所や正倉院も天皇家のものだったとは知らなかったなぁー。やはり、すごい財産家だったわけですね……）

そして、天皇以下皇族は、その国のものを借りて暮らす、ということになったわけです。もっとも家賃はタダだそうです。また生活費も、皇室経済法という法律に基づいて、国から支給されることになったのです。

いわば、皇族という名の特別な公務員、サラリーマンになったというわけです。

考えてみれば、まかり間違えば、天皇は極東軍事裁判所で、戦争責任の名において絞首刑になってもおかしくない存在であったわけですから、いのちを取られなかっただけでも、幸いですね。皇室財産が財閥解体と同じように、無に帰してもしかたがない、という状況にあったわけですから。

それが国民のものになって、本人たちはサラリーマンとして、いままで通りに暮らせるのですから、文句はない、というわけです。

【第八条 深掘り②】皇族の給与はどのくらいでしょう？

では、皇族のサラリー、給与はどのくらい出ているのでしょう。

「ほんとに見ていいんですか。失礼になりませんか！」と、言いたくなるところですが、逆です。主権者の税金から出ているのですから、興味半分ではなく、しっかりと見なければいけません。『天皇家の財布』森暢平《ようへい》著（新潮新書）から見てみます。

皇室関係の費用は、宮廷費、内定費、皇族費に分けられているそうです。

宮廷費は、宮殿で行われる行事や天皇、皇后、皇太子、同妃の公的行事にかかる費用、宮殿などの建物の維持管理費などが入ります。

つまり、サラリーマンでいえば、会社の費用です。皇居で行われる皇族の公的な行事の費用です。二〇一八年度は九一億七一四五万円だそうです。

（びっくりですか。それともあたりまえと思いますか。）

つぎに、私たちの給与・サラリーにあたる皇族の私的生活費です。

内廷費と皇族費に分かれています。内廷費は、内廷皇族――天皇・皇后・皇太子一家の費用で、三億二四〇〇万円（一九九六年以降は定額制で変わっていない）。

皇族費は、内廷皇族以外の皇族。常陸宮《ひたちのみや》・秋篠宮《あきしののみや》・高円宮《たかまどのみや》・三笠宮《みかさのみや》各家の費用で、合計三億六四一七万円です。

三億二四〇〇万円が、天皇一家の給与と思うと、うらやましいと思ってしまいますね。そんなに必要なの？　と。

どうやら必要なようです。

何に使われているかというと、人件費が一億一〇一六万円。物件費が二億一三八四万円です。その内訳は、衣類・身の回りの品など、五八三二万円。食事（含む会食）、厨房《ちゅうぼう》器具など、四二一二万円。日本学士院、日本芸術院の恩賜賞《おんししょう》の品、社会事業費などの報奨金《ほうしょうきん》、災害見舞金、交際費など、二九一六万円。賢所《かしこどころ》皇霊殿《こうれいでん》、神殿等の維持管理費、その祭祀《さいし》の費用、二五九二万円。その他雑貨、三五六四万円。

人件費の一億一〇一六万円の内訳は、天皇家の私的使用人である内廷職員の二十五人分の給料だそうです。

（私的使用人が二十五人もいる！　びっくりですね。）

このことは大人でも、初めて知った方が多いのでは、と思います。

それだけの人員がいるのか、とすぐ疑問が湧きますね。

一億一〇一六万円を二十五で割ると、平均四四〇万円強になります。まあまあですが、内訳は、天皇家の祭祀《さいし》を司《つかさど》る職員二十一人。生物学研究を手伝う職員と養蚕《ようさん》所職員の四人です。

（えーッ、びっくり！　ほとんど祭祀の職員じゃないですか。なんでそんなに多いのですか？　そんなにいて何をしているの？）と思いますが、それはのちほど。

これだけの給料を払うということですから、出るものも相当なもの、ということはわかります。

ところで、内廷費、皇族費は、所得税の対象になっていません。手取り額です。

これは庶民からしたら、うらやましいですね。税の対象になっていないとは。

その上、もし余ったら、貯金をしてもいいし、株を買ってもいい。会計監査《かんさ》が入るわけでもない。国に返却する必要もない。どう使おうが自由なお金です。

では、余ったお金はどうするのでしょうか？

実は、天皇家は蓄財《ちくざい》をしているのです。戦前も貯金や利殖《りしょく》をしています。ＧＨＱが公表したところによると――そう、戦前は非公開です。株券八八〇〇万円。社債五八五〇万円。国債一億三八二〇万円。地方債二六三〇万円です。現在も天皇家は株に投資しています。具体的には宮内庁の経済主幹《しゅかん》や侍従《じじゅう》や内廷会計担当職員の名義で買っています。

食費はほとんどゼロ。他人との会食費用も含まれますが、御料《ごりょう》牧場から無公害で新鮮なものが、タダで送られてきます。もっとも、御料牧場は宮内庁《くないちょう》の予算で運営されています。ですから、税金です。

毎日の食事は、宮内庁の大膳所《だいぜんどころ》、いわゆる天皇の料理人によってつくられています。うらやましいと見るか、当然と見るか。あなたはどう思いますか。

【第八条深掘り③】戦後民主主義から最も遠い所にある天皇家

天皇家の人件費の使い方をよく見ていくと、戦後民主主義の精神から、最も遠いところにあるのが、天皇家であることが見えてきますよ。

（えっ、ホントなの？　いつもなごやかな天皇一家の家族団らん写真を見ている私たちですから、そんな風には思えません。)

でも、あのあたたかな写真の背景に、それを支えている人たちの姿が、それを示すのです。

まず、国家公務員である天皇家のお世話をする侍従職《じじゅう》、定数七十八人がいます。侍従が、侍従長以下九人。女官《にょかん》が女官長以下七人。泊まりが多いため、未亡人など夫がいないことが必須条件になっています。その下に女孺《じょじゅ》という下級女官が四人います。さらにその下にかつては雑仕《ざっし》と呼ばれた五人がいます。

名前でわかるように各人は、上下関係になっています。男性は御所の官吏《かんり》にあたる殿部《でんぶ》六人。その下の仕人《つこうど》十一人。天皇の服装関係を担当する内舎人《うどねり》五人がいます。侍医が四人で、二十四時間交代で御所につめています。他に医務係が一人。

これで合計五十二人。残りが事務関係になっています。

以上が天皇家のオクをあずかる国家公務員の侍従職です。これだけでも天皇家を支える人数としては多過ぎはしないか、と庶民感覚から思ってしまいますね。しかし驚くべきはさらにそのオクにもう一団、天皇家が私的に雇用している内廷職員、二十五人がいるのです。

戦前の国家神道を中核で支えた宮中三殿の神道行事を司《つかさど》る人々です。GHQにより国家神道が廃止されたことにより、国の保護を外れた神官たちは、そのまま天皇家の私的宗教、神道(その大元が伊勢神宮です)を担う人々となって、生き残っているのです。

内訳は掌典《しょうてん》七人。内掌典四人。仕女《しじょ》十人。

掌典は男性の神官にあたります。内掌典は巫女に相当します。仕女は内掌典の身の回りの世話をしたり、宮中三殿で下働《したばたら》きする女性です。以上二十一人が神事にかかわる人です。その他に生物学御研究所と御養蚕所《ごようさんじょ》職員が四人います。

生物学御研究所は皇居にあり、昭和天皇が海洋生物を研究していたところ。御養蚕所も皇居内にあり、歴代皇后が養蚕にあたっています。ともに私的なものと位置づけられています。

もっとも私的雇用人と言っても、内廷費は国から支給されていますので、税金から出ていて、その意味では公費です。

しかし、考え方として、天皇家の私的費用から支払っているという形をとり、天皇の私的な宗教として、戦後誰にも認められた宗教の自由を、天皇家にも保障した、というわけです。

でも思いませんか。いくら天皇家の私的宗教人と言っても、二十一人は多すぎませんか？

この人たちは税金を使っているわけですから。

では、宮中の奥深くで働く内廷職員は、どんな人たちでしょう。

森さんによると、とくに外界の「穢《けが》れ」に触れないように、内掌典はほとんど外出せず、宮内庁職員でもあまり目にしません。内掌典は未婚の女性がつくとされ、一人を除き地方の神社の若い娘さんで、二年交代だそうです。森さんは一度見たことがあって、髪型が特徴的で、江戸城の大奥の女性のようだったと言います。都心の真ん中に、このような世界があるのです。

森さんはさらに、つぎのように言います。「伝統的な社会は改革が難しい。宮内庁職員から制度を変える困難さを象徴《しょうちょう》する次のような話を聞いた」と。

オクの女性職員は、女官―女嬬―雑仕と「階級」がある。皇族が飲み物をこぼしたとき、テーブルを拭く女性と、床を拭く女性は異なり、同じ女性が布巾《ふきん》と雑巾《ぞうきん》の両方を扱《あつか》えない。それで職員を減《へ》らす妨《さまた》げになっている、と言います。

このような、驚きの身分社会が、いまも皇居のオクに生きている、というわけです。天皇が神だった時代は、終わったのです。なぜ、このような浮世離れの世界が温存されたのか、疑問が湧きますよね。

その一つは、GHQの都合によります。天皇を占領政策に利用するために、天皇の権威にかかわる事柄は、温存されたのです。そのため、国家神道は解体しても、天皇家の神道は私的宗教として、信仰の自由は保障される、ということで触《ふ》れなかったのです。

でも、いくら天皇にも宗教の自由があるといっても、必要以上の多数の神職を税金で養《やしな》うことは許されないことは自明であるということは、GHQはわかっています。それでも、天皇家の神道行事を、天皇の権威を支える重要な役割を果たしている、と認めたということです。

では、GHQの都合はそうだとしても、私たちはどう判断するかは別です。もうGHQはいないのですから、主権者としての私たちの、若い君たちの判断も求められるのです。

信仰の自由は、当然、天皇、皇后も、他の皇族も、一人ひとり認められるのは当然ですが、その費用が国の税金でまかなわれている以上、戦前の国家神道と同じ規模で、必要以上の税金が使われているのであれば、見直しが当然必要、と思いませんか。税金を使って、そんなにたくさんの神官を養うことをどう考えるか。議論が必要ですね。畏《おそ》れ多くて触《ふ》れることさえ、はばかられる、という態度では、憲法の主権在民が泣きます。いまは国家神道の時代ではないのです。指一本触れてはならない、としたら、それこそ、戦前の国家神道にもどしたい勢力がいるということです。

皇室の財産は、国の財産、国民の財産であることを自覚して、一人ひとりが皇室の財産について、大いに議論することが必要ですね。

【第八条深掘り④】天皇・皇族を人間として解放したい。基本的人権を保障しよう

若い君たちはたぶん知らないと思うけど、天皇や皇后、皇族には選挙権がない、ということを知っていますか。

これ、びっくりですよね。現憲法下で、すべての日本人に認められている言論の自由や基本的人権が一部欠けている変な存在なのです。これがどのようなものかを、先の南方紀洋著『天皇に関する12章』の指摘から見てみます。

まず、居住、移転、職業選択の自由がない。生まれながらにして皇族という特別な公務員で

す。その仕事に労働基準法が適用されない。残業代が出ない。納税の義務はすべての国民にあるのですが、天皇の収入である内定費、皇族の収入である皇族費の所得に対して、所得税を納めなくていい。一方、地方税は納めなければならない。この理由は、なぜ？　と南方さんも疑問符をつけます。また、株式投資などは、自分名義ではできない。自分の意思で自分の財産を増やし、維持管理できないのです。それに皇族その人ではないですが、天皇家に勤めるオクの職員に、身分制が生きているような扱い。テーブルを拭く人と床を拭く人とは穢《けが》れを理由に一緒にできない、という不合理を、前に指摘しましたが。

こういう特別な存在なのです。この変な存在がどこから来るかと言うと、それは、一にGHQによる戦後改革にある妥協。「天皇を残して、占領政策に利用する」にあります。ですから、明治憲法下の天皇家の習いをそのまま引き継いだところがあるので、現憲法下の民主的存在とは矛盾するところがいくつもあるのです。

戦前ならいざ知らず、いまは民主主義の時代。基本的人権が認められている時代です。GHQが手をつけなかった天皇家の人間改革を、天皇家の使用人はすべて税金から出ているのですから、私的使用人とかたづけるのではなく、主権者として、責任をもって、大いに議論をし、変えるべきところは変える必要があると思いますが、君はどう思いますか……。

……………………………………………………

大工の目線を、天皇家の財産のもろもろが一段落したところで入れておきましょう。

先に、天皇は主権者である国民と同じ、平屋の家に移ったと言いましたね。それが、天皇家の財産が明らかになってみると、平屋で、しかも貸家の家だったんですね。これは知らなかったですね。むろん、貸し主は私たち主権者ですけど。

何か親しみが湧きませんか。天皇家が住んでいる家は立派ですけど、主権者たる私たちが天皇家にへりくだる理由はどこにもない、ということがわかったのです。

もう一つ、皇居は東京大空襲でも焼け残りましたから、戦前の家は健在なのです。したがって、戦前の国家神道がとり行われていた宮中三殿が生きていて、古いしきたりがそのまま残って、戦前の身分制に近い様子が報告されていましたね。

これはまったくいけません。戦後に出発した新しい家は、日本国憲法の家です。すべての国民はこの家の住人です。むろん天皇もです。天皇家の住人も日本国憲法の家の住人です。ですから自由と人権は保障されます。もし、いくら神道の習いといっても、人権蹂躙《じゅうりん》や差別があれば、神道のほうが宗教改革をして、生き残りを図らなければならないのです。それは相撲の土俵に女性が上がれないということで、問題になっているのと同じです。伝統であっても、改革がなければ生き残れないのです。

第二章　戦争の放棄

日本には戦争をしたくても、戦争ができない法律があるのですね

第九条　日本国民は、正義《せいぎ》と秩序《ちつじょ》を基調《きちょう》とする国際平和を誠実《せいじつ》に希求《ききゅう》し、国権の発動たる戦争と、武力による威嚇《いかく》又は武力《ぶりょく》の行使は、国際紛争を解決する手段としては、永久にこれを放棄《ほうき》する。

2　前項《ぜんこう》の目的を達するため、陸海空軍その他の戦力は、これを保持しない。国の交戦権は、これを認めない。

紛争地の女性が言いました。「日本には戦争したくても、戦争ができない法律があるのですね。すばらしい」と。

日本の小学生が言いました。「自衛隊があるのに、どうしてこの九条があるの？」と。小学生でも、この条文を読めば、びっくりですね。自衛隊は総兵力二十四万人。その予算は世界第八位の堂々たる軍隊です。

「そんな自衛隊があるのに、どうして『戦力は持たない』と憲法は言っているの？」と疑問を持つのは当然ですね。君はどう思いますか。

この大問題の発生は、GHQの占領と深くかかわっています。日本の軍国主義の除去を目ざしたGHQは、統治の証《あかし》である新しい憲法に、どうしても「戦力の不保持」を入れなければ国際社会に示しがつきません。しかも、天皇を免責《めんせき》に持ち込むには、天皇がいても、日本が再び軍国主義になることはない、なぜなら日本は戦力を持たないという憲法を持った。だから戦争することができない、としたいわけです。

マッカーサーは、憲法前文が示唆《しさ》する通り、国連軍ができれば、日本の守りをそれに任せたいと考えていたようです。

ではどうして、自衛隊ができたか。これもGHQの都合です。

朝鮮《ちょうせん》戦争がはじまって、日本駐留《ちゅうりゅう》の米軍が朝鮮半島に出兵したあとの、穴を埋める軍隊がどうしても必要になり、日本政府に急いで軍隊をつくるように指示したというわけです。

ここで一つの疑問が浮かびます。

憲法で戦力不保持を決めたGHQは、なぜその憲法下で軍隊をつくる指示ができたのか、です。

憲法違反にはなりませんか？

実は、ＧＨＱは憲法を超えたポツダム政令により、「軍隊をつくれ」と命令したのです。

（びっくり！　占領されているということは、そういうことかぁ。）

【第九条深掘り①】九条は押し付けられたのではなく日本側からの提案！

いままで「武器を一切持たない、戦争を放棄する」という憲法九条は、ＧＨＱの指示によってできた、と言われていました。なぜなら、戦争のできる普通の国にしたいいまの首相は、この目ざわりな九条をなくしたいので、「憲法はＧＨＱにより押し付けられたものだから、自分たちの自主憲法をつくろう」とさかんに訴えているのです。

ところが、びっくり！　憲法九条は押し付けられたものどころか、日本側から提案したものだ、ということが、最近わかってきました。

それを聞いたときのわたしの感想は、「ほんとなの？　それ。ほんとに、そんなことがあったの？」です。

当時の首相、幣原喜重郎《しではらきじゅうろう》がマッカーサーと直接会って提案し、マッカーサーもその提案に最初はとまどいましたが、幣原の説明に納得し合意し、敬意を表して握手をしたというのです。

以前から、専門家の間では、九条の成立について、どちらが提案したのか、両説あったのですが、最近、日本側とアメリカ側からの資料から、それが幣原首相からの提案だったことが裏付けられたのです。

日本側の資料は、幣原喜重郎が亡くなる十日前、元衆議院議員平野三郎に話したメモを憲法調査会資料として提出したもの。アメリカ側からの資料は、憲法調査会の高柳謙三《たかやなぎけんぞう》会長が一九五七年に渡米して、マッカーサー本人から書簡《しょかん》をもらったものです。（私は日本側の資料を『日本国憲法　9条に込められた魂』鉄筆文庫から、アメリカ側の資料を東京新聞二〇一六年八月十二日のトップ紙面「9条は幣原首相が提案」で確認しました。）

このように日米双方から証拠資料が提出されている以上、信じていい、と判断したわけです。

このような情報が、なぜいま頃になって、私たちに明らかになったのか、疑問が湧きますね。

その理由は、この提案が極秘《ごくひ》裏に行われ、口外されないことが条件だったからです。

この考えは、国体に触れることだから、日本側から口にできないこと。一歩誤れば、首相自らが国体と祖国の命運を売り渡す国賊《こくぞく》的行為の汚名《おめい》を覚悟《かくご》しなければならない、ということです。それで幣原は、極秘裏に会い、マッカーサーに命令として出してもらうように進言したのです。だから、誰にも口外できない、というわけです。

（ほんとに驚きですね。）

二人の会談は一九四六年一月二十四日に行われました。

幣原首相は慎重《しんちょう》に話を切りだします。天皇制の護持《ごじ》と軍隊の放棄についてです。

天皇制を残すことの合意は容易《ようい》でした。すでにマッカーサーは占領政策に天皇を利用することを決めていたからです。問題は軍備についてです。

幣原は、マッカーサーが心底驚くような提案をします。

「積極的に軍備を全廃し、戦争を放棄してしまうのが、一番確実な方法だと思う。そうすれば、旧軍部が権力を握《にぎ》るような手段を未然《みぜん》に打ち消し、日本は再び戦争を起こす意思は絶対無《な》いことを世界に納得《なっとく》させられる。世界の信用をなくした日本にとって、二度と戦争は起こさないということをハッキリと世界に声明することが、敗戦国日本の信用を勝ち得る唯一の堂々の道ではなかろうか」と。

マッカーサー将軍は軍人のトップですから、どれだけ、国にとって軍備が必要かということは、よくわかっています。相手は敗戦国とはいえ、一国の首相です。その首相が「軍備を一切持たない」という提案をしてきた。

だから心底驚き、感動したのです。

しかもそれがただの提案以上の、世界平和の先駆《さきが》けとなる哲学をもってです。それを次に。

【第九条深掘り②】幣原とマッカーサーの合意。世界の運命を切り拓《ひら》く憲法九条

幣原はマッカーサーに一語一語、言い含めるように述べました。

「日本がアメリカの尖兵《せんぺい》になることが果《は》たしてアメリカのためであろうか。原子爆弾はやがて他国にも波及《はきゅう》するだろう。次の戦争は想像に絶する。世界は滅びるかもしれない。世界が滅びればアメリカも滅びる。問題は、今やアメリカでもロシアでも日本でもない。問題は世界である。いかにして世界の運命を切り拓《ひら》くかである。日本がアメリカとまったく同じものになったら誰が世界の運命を切り拓くのか。好むと好まざるにかかわらず、世界は一つの世界に向って進む外はない。来るべき戦争の終着駅は破滅的悲劇でしかないからである。

その悲劇を救う唯一の手段は軍縮であるが、ほとんど不可能とも言うべき軍縮を可能にする突破口は、自発的戦争放棄国の出現を期待する以外ないであろう。同時にそのような戦争放棄国の出現もまたほとんど空想に近いが、幸か不幸か、日本は今、その役割を果たし得る位置にある。歴史の偶然はたまたま日本に、世界史的任務を受け持つ機会を与えたのである。

貴下《きか》さえ賛成するなら、現段階における日本の戦争放棄は、対外的にも対内的にも承認される可能性がある。歴史のこの偶然を、今こそ利用する秋《とき》である。そして日本をして、自主的に行動させることが世界を救い、したがってアメリカをも救う唯一の道ではないか。また日本の戦争放棄が共産主義者に有利な口実を与えるという危険は実際ありうる。しかしより大きな危険から遠ざかる方が大切でしょう。世界はここ当分、資本主義と共産主義の宿敵《しゅくてき》の対立は続けるだろうが、イデオロギーは絶対的に不動のものではない。(中略) 何《いず》れにせよ、本当の敵はロシアでも共産主義でもない。このことはやがてロシア人も気づくだろう。彼らの敵もアメリ力ではなく、資本主義でもないのである。世界の共通の敵は、戦争それ自体である。」

そのとき、マッカーサーは急に立ち上がって両手で幣原の手を握り、涙をいっぱいためて、その通りだ、といったので、幣原はちょっとびっくりした、というわけです。

この表現は少し眉唾《まゆつば》ものかなと、わたしにはじめ思わせましたが、次のようなマッカーサーの証言を聞いて、なるほど、納得したのです。

「私は腰が抜けるほどおどろいた。長い年月の経験で、私は人を驚かせたり、異常に興奮させたりする事柄にはほとんど不感症になっていたが、この時ばかりは息も止まらんばかりだった。戦争を国際間の紛争解決には時代遅れの手段として廃止することは、私が長年熱情を傾けてきた夢だった。現在生きている人で、私ほど戦争と、それが引き起こす破壊を経験した者はおそらくほかにあるまい。……私は世界中のほとんどあらゆる国の兵士と、時にはいっしょに、時には向かい合って戦った経験をもち、原子爆弾の完成で、私の戦争を嫌悪する気持ちは当然のことながら、最高度に高まっていた。」（『マッカーサー大戦回顧録』中央公論新社）

つまり、マッカーサー自身も、原爆を落とし、何万の戦死者とともに生きてきた人物として、国際紛争の解決の手段としての戦争を、新しい解決方法がないかと思い、戦争のない世界への想いを日ごろから考えていたからこそ、幣原首相の考えと提案に、感動したというわけです。

私たちは、この幣原首相とマッカーサー将軍との極秘裏の会談の合意のもとでできた憲法九条の背後にある精神をしっかりと受け継ぎましょう。世界から、核戦争を含む戦争をなくすための活動です。それは理想論だと嘲笑《ちょうしょう》する人々に、人間が生きることにおいて、理想と希望を失っては、堕落《だらく》がはじまることを伝え、とくに日本は三一〇万人と二千万人の死者を出したこと、ヒロシマ・ナガサキがあることを踏まえ、戦争と核をなくすことが、世界における日本の使命であることを伝えましょう。これが憲法九条の原点と精神なのです。

大工の目線を入れます。この九条は焼け跡《あと》から建った新しい日本国憲法の家のもう一つの大黒柱です。なぜそう言うかというと、戦争放棄の九条がなければ、天皇免責《めんせき》はなかったということです。戦争ができることを認め、天皇を認めれば「大東亜戦争」と同じ状況になるからです。ということは、九条の戦争放棄があり、天皇が免責されたことで、一条の象徴天皇が可能になったからです。つまり、第一条の大黒柱と連動しているのです。

また、幣原首相からの提案であることもはっきりしましたね。自民党の首相たちが言う押しつけ憲法ではないことも、軍備の点からもはっきりしました。

そして、九条はことばの意味そのもので、裏も表もない、ということが幣原首相のことばではっきりしましたね。戦争による廃墟《はいきょ》と厖大《ぼうだい》な戦死者の反省から生まれた日本国憲法の新しい家は、戦力を持たない、という革新的な建て構えを持った家で、世界で最も先進的な構造を持った家だということです。自らは武器を持たないで、なぐり合いでなく、話し合いで、外交力で国防すべてをこなす、という態度です。国連にも加盟し、国連外交と多国間外交、一対一外交と、守りのすべてを外交によって解決することに最大限に力を入れる国、ということです。

　これが日本国憲法の、新しい家の者の面構えです。

　ところが政権をとった保守・自民党は、憲法のことばを無視して、どんどん戦力を増やして、いまでは世界第八位の軍事予算を持つ軍事大国となってしまいました。日本人得意の、裏表の使い分けでです。最近よく行われている憲法違反のはじまりが、この九条違反です。そして、巨大になった自衛隊を認めろ、国のためにいのちを賭けている自衛隊員を憲法違反だと言うのは失礼ではないか、と言い出したのです。そもそも憲法違反をして、軍隊を増やし続けて既成事実をつくって、憲法のほうがおかしい、と言い出したのです。本末転倒もいいところです。

　さらに安倍政権は「集団的自衛権」を閣議決定して、激しい反対の中、安保関連法案を通して、日本を「戦争のできる普通の国」にしてしまいました。もっともこれは法律段階です。安保法は憲法違反の法律です。そこで、安倍首相は憲法違反だと言われ続けないために、ついに「憲法九条を変えよう」と言い出しました。九条に自衛隊を明記して、堂々と戦争のできる憲法を持つ国にしよう、ということです。

　世界から核兵器をはじめとする武器をなくし戦争をなくす努力をすると、国民と世界に向かって宣言をした憲法を持つ日本なのに、何一つ世界に軍縮を訴える努力をせずに、世界で最も先進的な構造を持った家の大黒柱を変えて、普通の国にするということでいいのでしょうか。

第三章　国民の権利及び義務

入っている！　日本政府が入れた。明治憲法の条文が新憲法の中に

第十条　日本国民たる要件は、法律でこれを定める。

この簡単な、ちょっと読んだのでは、何を言っているのかよくわからない条文の背後に、深い意味が隠《かく》されています。

日本国民たる要件《ようけん》とは、日本国籍《こくせき》に関する要件を言うそうです。

そう具体的に書いてくれればいいのに、と思いますよね。

このように内容を憲法ではなく、下位の法律で決めるというのは要注意です。なぜなら、法律の細かい規定でいかようにも憲法の精神をないがしろにすることが可能になるからです。

実は、この条文はGHQ草案には入っていません。入っていたのは「外国人（在留外国人）は平等に法律の保護を受ける権利を有す」です。とてもわかりやすい。しかし、日本側は、GHQと粘り強く交渉して、この項を削り、代わりに、このわかりにくい国民の要件を入れたのです。

この十条、実は明治憲法第十八条（「日本臣民たるの要件は法律の定むるところによる」）と同じです。

（びっくりです！　明治憲法をひっくり返してできた新憲法の中に、明治憲法が入っている！）

この結果、あとでできた下位の国籍法によって、日本国籍を取るには、生まれた子の親が日本国民であること、という古い感覚の血統《けっとう》主義が入ったのです。

第三章「国民の権利及び義務」冒頭のこの条文によって、これから以下の各条項の人権の享《きょう》受《じゅ》は、「日本国籍を有している者だけですよ」と制限が加えられたのです。

その結果、戦前から長い間日本によって占領され植民地化され、日本語教育を受けていた朝鮮人や台湾人が、日本人として日本に働きに来たり、強制連行されてきた在日朝鮮人、台湾人や長年日本で暮らす在日外国人の権利が、新憲法施行後、排除《はいじょ》されたのです。

GHQ案は「平等に法律の保護を受ける」となっていたのに。

日本側の巧妙な抵抗といい、人権感覚のなさといい、びっくりです。

大工の目で見ると、すべて洋間でつくった新しい家の中に、おやじが強引に床の間を入れ込んだようですね。和室があるならいいのですが、ないのに洋間の板の間に床の間をつくって、部屋を狭《せま》くして、使いづらくしている。これで、押しつけ憲法とはとても言えませんね。

基本的人権とはいのちそのもの。いのちが抑圧されれば、いのちは黙っていない。叫ぶ

> 第十一条　国民は、すべての基本的人権の享有《きょうゆう》を妨《さまた》げられない。この憲法が国民に保障する基本的人権は、侵《おか》すことのできない永久の権利として、現在及び将来の国民に与えられる。

この基本的人権を定めた条文は、憲法の中でも、とても大切なものと言われています。この十一条の他にも九十七条（本書二四四頁）にもあります。

それだけ、ＧＨＱは基本的人権を重要視していたし、政府も国会もそれを認めたということです。

でも庶民にとって、基本的人権はいまいちわかりにくいですね。

「人間が生まれながらに持っている基本的な、侵すことのできない永久の権利で、将来の人にも与えられる。憲法改正によっても変えられない」ということですから、相当の価値があるということはわかります。いわば人のいのちそのものに近い。いのちこそ宝、ということならわかります。

基本的人権はさまざまな権利を含んでいて、自由、平等、労働、生存、教育、参政、幸福追求の各権利などが入る、と言います。

ただ、この「権利」ということばも、庶民にとっていまいちピンときません。暮らしの中に、権利ということばが根づいていないからです。権利は英語で「right」。訳語は正当性。ふだんのことばでは「あたりまえのこと」が近いようです。

「あたりまえのこと」で思い浮かべることばがあります。

公害闘争にいのちを賭《か》けた田中正造《たなかしょうぞう》についてこう言った人がいます。

「あたりまえのことをあたりまえに言った」「あたりまえのことがあたりまえにつうじない」から、正造はいかなる困難があっても、貫徹するまで主張し、戦いつづけた。（赤上《あかがみ》　剛《たけし》）

うまい言い方をしていますね。このことばを受けていえば、宝であるいのち（基本的人権）は、すべての人があたりまえ（権利）に持っている。そのあたりまえのいのちが抑圧されれば、いのちは黙っていない。

自由が抑圧されれば、いのちは叫ぶ。平等が抑圧され、労働が奪《うば》われ、生存が脅《おびや》かされ、教育が奪われ、政治への参加が奪われれば、いのちは叫ぶ。

いま、戦争ができる国にする安保法制はいのちを危なくする。

いのちは叫ぶ。戦争を呼び込む安保法を許してはならない！　安保法を廃止しよう！　と。

沖縄の人の不断の努力と本土の人の無関心

> 第十二条　この憲法が国民に保障する自由及び権利は、国民の不断の努力によって、これを保持しなければならない。又、国民は、これを濫用《らんよう》してはならないのであって、常に公共の福祉のためにこれを利用する責任を負う。

「あたりまえにある自由と権利のために、いつも努力しつづけなければならない」なんて、びっくりですね。

日本人は「あたりまえにあるなら、いつも努力しつづける必要はないんじゃないの」と思ってしまいます。「自然にまかす」がこれまでの日本人の習いですから。

いくら歯向かっても、自然に勝てないことは、台風や地震の経験で、日本人は嫌というほど知っているからです。

でも、この条文は、自然のことを言っているのではありませんよ。からだの中にある生命の自由と権利への欲求を、国家権力が抑圧してくることに対して、警告している条文なんです。若い君たちは「そんなことがあるの？　国家は国民を守ってくれるのではないの」と思っていませんか。

残念ながら、そうとも言えないのです。

国家権力を握った人は、往々《おうおう》にして、権力を自分の利害の都合《つごう》のいいように使って、個人を苦しめることがあるというのが、歴史の示すところなのです。

ですから、この憲法で国民に自由と権利を保障するけれども、何もしないと奪《うば》われてしまいますよ、保持するためには不断の努力をしつづけなさい、と言っているのです。

その不断の努力をしている人たちが、沖縄の人です。

沖縄の人たちは敗戦間近の「大東亜戦争」で、本土防衛の盾《たて》になる作戦によって、米軍と地上戦を激しく戦い、県民の四人に一人の戦死者を出す苦難《くなん》に遭《あ》っています。（私たちの本土は大空襲を受けますが、米軍との地上戦・本土決戦は免《まぬか》れます。）

沖縄の苦難は、これだけではありません。連合国に敗れ、占領支配された日本は、なんとか独立して自由を得ようと画策《かくさく》します。一九四七年九月、昭和天皇はアメリカに「米軍が沖縄を長く使うように希望する」というメッセージを出します。さらに翌年の二月の二度目のメッセージでは「反共防衛線をつくるべきだ。最も恐るべきは日本の共産主義化だ」と伝えます。当時、米軍内では沖縄をどうするかで意見が対立し、反共軍事化するタカ派と、日本の平和と民主化を進めるハト派が拮抗《きっこう》していたのですが、この天皇メッセージによって、タカ派の沖縄軍事要塞《ようさい》化への流れが決定的になった、といいます。

その結果、一九五二年四月二十八日のサンフランシスコ講和条約発効によって、日本本土は沖縄を切り捨てて独立します。

これが沖縄の人にとっての「屈辱《くつじょく》の日」。いまも忘れない仕打ちと第二の苦難のはじまりです。本来なら、血を流して本土防衛の盾《たて》になったのですから、沖縄と一緒に独立するまで待つべきだという意見が出てもいいはずです。それが人間の道理です。

自民党政権は、二〇一三年四月二十八日に「主権回復の日」として、政府主催《しゅさい》の記念式典を天皇皇后出席のもとに祝《いわ》いました。沖縄を切り捨てた日を祝ったのです。（沖縄県知事、出席せず。）

これはほんとにひどいと思いませんか。同じ日本人として、本土防衛の盾になって、地上戦を戦い、血を流した沖縄の人にすることですか。

ですから、抗議の声が沖縄から起こったのです。

日本が独立したあと、沖縄は二十年間も米軍の支配下の政治を強いられます。米軍は基地拡大のために沖縄の土地を奪い、飛行場を拡張し、基地をさらに強化し、核兵器を置き、沖縄の人の自由を束縛《そくばく》しつづけたのです。

それでも、沖縄の人は、自由を求め、祖国復帰運動を激しく展開します。「平和憲法のある日本に戻るのだ」という強い思いで闘《たたか》います。そして本土独立後の二十年後、一九七二年にようやく日本に復帰します。これで本土並みの自由がくるのだ、と思ったのです。

ところが現実は、本土並みになるどころか、米軍基地は本土の激しい米軍基地反対運動を受けて、沖縄に移り、むしろ強化されたのです。

世界一危険な基地とされた街の中にある普天間飛行場の移設問題でも、住民が選挙で勝利して、県外移設を強く訴えていたにもかかわらず、自民党政権はアメリカの意向を優先して、県内の辺野古に新基地を建設する方針を変えません。自民党は沖縄の人々の声より、アメリカに顔を向けているのです。

沖縄の米軍基地の大きさは、日本で最大です。沖縄県民は一四三万人。日本の全人口の約一パーセント強です。そこに、日本の米軍基地の七割が集中しているのです。もし日本を百人の村にたとえれば、一人の沖縄人が七割の米軍基地を支え、九九人の本土の日本人が三割の米軍基地を支えているという、いびつな姿なのです。

こんな差別があっていいのでしょうか。まったくおかしいのです。

米軍普天間《ふてんま》飛行場の辺野古《へのこ》移設に対し、沖縄の人たちは、翁長雄志《おながたけし》元知事の意志と魂を引き継いで闘っています。いまも辺野古では座り込みが行われています。自分たちの自由と権利を奪われないために、不断の努力をしつづけているのです。沖縄は日米安保条約で、本土より苦難を強いられているのです。私たち本土の人間は、人の痛みを想像しながら、ことに対処しなければならないのです。安保条約の根本を改めない限り、沖縄の苦しみはつづくのです。

憲法第十二条が求める「不断の努力」が、私たち本土の人間に試されているのです。

戦前の家父長制度から個人の解放を告げる宣言文

第十三条　すべて国民は、個人として尊重される。生命、自由及び幸福追求に対する国民の権利については、公共の福祉に反しない限り、立法その他の国政の上で、最大の尊重を必要とする。

君たちは、まず表題の家父長制度とはなに？　でしょうね。このことば、いまはあまり使われてないので、若い人には聞きなれないことばでしょう。

戦前の日本社会に強く作用していた制度です。その痕跡《こんせき》はいまも暮らしの中に息づいて残っていますよ。たとえば結婚式。何々家と何々家の結婚式とよく書かれていますね。個人と個人の結婚式ではなく、家同士の式という意味です。

さらに葬式となると、たくさんありますね。何々家の葬儀という具合に。墓地に行けば、墓石には「何々家の墓」とか「何々家先祖代々の墓」がたくさんありますよ。この意味は、何々家という家の維持が中心的価値になっていて、個人は家長を中心にした上下関係の中で、家を守るために生きて、死んだら家の名の墓に入り、個人名は消える、ということです。

また、家父長制度では、家長は男子しかなれません。村の政治は家長が集まり、決めますから、女性は一切口出しできません。お茶くみだけです。現在でも、日本の女性政治家は男性比率で一九三カ国中、一五八位（二〇一八年国際比較）という先進国とは言えないくらいの低さになっています。家父長制度の「女は政治に口を出すものではない」という社会習慣がいまも生きているからです。また、お嫁さんになるとは、相手の男性の家に嫁《とつ》ぐということになるので、結婚によって、女性が自分の姓を男性の家の姓に変える、ということです。いまでも九十数%の女性が男性の姓に変わっていますよ。

君は結婚するとき、どちらの家の姓を名乗りますか？

憲法では男女平等ですから、どちらかを名乗ると、民法ではなっています。

「女のほうが姓を変える」となっていませんよ。

戦後七十三年経っても、この状態ですから、戦前・戦中の家父長制度下の個人へのしめつけと男尊女卑がいかに大きかったかは想像がつきますね。

この条文の「すべて国民は、個人として尊重される」というのは、戦前のような「家」が価値の中心ではなく、個人が価値の中心です、と宣言しているのです。主権在民の核となるものです。一億玉砕《いちおくぎょくさい》の死の道から、いのちを救われた個人の実感が、この条文に降り注がれています。家父長制度下で耐えて生きた下積みの人は、どんな喜びをもって迎えたでしょう。「これからは遠慮《えんりょ》しないでいいのだ。自分のいのちを丸ごと外に出して、自由を、喜びを、幸福を追求していいのだ」と。

ですから、この条文は、家父長制度からの個人の解放を告げる宣言文でもあるのです。

戦前は、すべての個人は天皇の赤子、臣民なので、神聖不可侵の天皇の意向に逆《さか》らうことはできません。その象徴に、徴兵制《ちょうへいせい》のもと、天皇の命令による一銭《せん》五厘《りん》（はがき代）の赤紙一枚の召集令状《しょうしゅうれいじょう》で、簡単にいのちを失ったのです。戦前の個人は、国家に対して、そんなに軽かったのです。軍隊では、天皇陛下《へいか》から賜《たまわ》った銃を粗末《そまつ》に扱うな、お前たちの代わりはいくらでもいるが、銃はすぐに代わりが利《き》かない、と怒鳴《どな》られたのです。

ほんとにびっくりですね。いのちを粗末に扱う軍隊の結末が、三一〇万人もの多くの戦死者につながったのです。

家父長制度を支えた明治憲法下の民法は、戦後、日本国憲法によって廃止されました。この十三条が、憲法の中で最も重要な条文だ、という学者も多いそうです。この条文には「幸福追求に対する国民の権利については、公共の福祉に反しない限り」との但し書きがあります。この意味は、平等規定とつながります。やみくもに自由を追求すると、獲得《かくとく》した者とそうでない者との格差が生まれるからです。自由に追求した結果、貧富の差が生まれ、そこに差別が生まれれば、何のために自由と幸福を追求したのかが、わからなくなってしまうからです。

大工の目からいうと、八月十五日に崩壊《ほうかい》した古い家を、戦後の新しい家、革命的な新方式の日本国憲法の家に建て替えて、住みはじめたのに、個人の意識はなかなか変わらない、ということですね。とくに平等が実現されず、女性・障碍者《しょうがいしゃ》といった弱者が差別されている、ということです。

なにせ戦前の上下関係の意識の中で住んでいた人が、そのまま移り住んだのですから、それを直すには大変。不断の努力が必要ということです。

本来なら、新しい革新的な家を自ら設計し、建てたということは、そこにはすでに古い意識から新しい革新的な意識に変わっているはずです。そうでなければ新しい方式の家は設計できない、ということですから。

わたしたち庶民は新しい家を歓迎したが、なかなか古い意識から抜け出せられないのです。

日本側が入れた「法の下の平等」の条文が生んだ差別

第十四条　すべて国民は、法の下に平等であって、人種、信条、性別、社会的身分又は門地《もんち》により、政治的、経済的又は社会的関係において、差別されない。
2　華族《かぞく》その他の貴族の制度は、これを認めない。
3　栄誉《えいよ》、勲章《くんしょう》その他の栄典《えいてん》の授与《じゅよ》は、いかなる特権も伴わない。栄典《えいてん》の授与は、現にこれを有し、又は将来これを受ける者の一代に限り、その効力を有する。

この条文一項の後半をよーく見てください。「門地《もんち》」という字があります。「門地により（中略）差別されない」と。

門地とはなに？　です。

このことば、いままで人生長くやってきて、聞いたことがありません。

アメリカのGHQはこんなことばを知っていたか、です。

調べてみると、案の定、交渉の過程で日本側が巧妙《こうみょう》に入れた訳語《やくご》なのです。

門地を辞書で引くと「家柄、とくに高い格の門閥《もんばつ》」となっています。

GHQ草案では、このところは「階級又は国籍起源《こくせききげん》」となっています。つまり、「階級や国籍によって差別されない」です。意味は明快ですね。

条文の冒頭もGHQ草案は「すべての人は法の下に平等であって」という普遍的な真理をかかげていますよ。

ここでも日本側は、明治憲法の精神・家父長制の精神で抵抗をします。「すべての人は」を「すべての国民は」に替《か》え、「階級」を「社会的身分」、「国籍」を前の階級にあうような訳語「門地」にしたというわけです。その結果、この法の下の平等は、日本国民だけに適用されるものになり、「国籍によって差別されない」が、「門地によって差別されない」に変わることによって、在留外国人には適用されないものになったのです。とくに在留外国人で最も多い人数の、敗戦まで日本人として、連合国軍に対して戦った在日朝鮮人・台湾人に適用されないことになったのです。文面上正しいが、実質的に差別する憲法となったのです。

ほんとに驚きです。官僚のずる賢《がしこ》い知恵には――。

そして、同胞としていのちを賭《か》けて戦った人を（戦前は日本が支配していた朝鮮人や台湾人を同胞と呼んだのです）、いとも簡単に切り捨てる感覚に、憤《いきどお》りを感じます。日本独立時、沖縄の人を切り捨てたときも同じですね。

二項の華族、貴族は明治憲法下では、特権階級として認められ、貴族院を構成していました。それを、憲法の「人は皆平等」原則から廃止したものです。

三項の栄典《えいてん》、勲章《くんしょう》の授与《じゅよ》も同じです。禁止しないが何の特権も伴わないと念押《ねんお》ししています。

上位者は、何かと勲章をありがたがるものですね。勲章の親授式《しんじゅしき》となると、天皇からもらうことになるので、まさしく上下関係が強く意識されます。

でも、おかしいのです。新しい日本国憲法の家では、主権者は国民です。もし、偉い人とは誰かをいえば、主権者である国民が一番偉いということになるはずです。つまり、主権者の代表である内閣総理大臣が勲章を与えるべきなのです。天皇は象徴であって、主権者でないのですから。象徴と主権者どちらが格が上かとあえて問《と》えば、主権者が上です。戦前の天皇がそうであったように。

大工の目から見ると、ここで問題になっているのは、戦後の新しい家である日本国憲法の一つ屋根の下で住むべき人は、誰かということですね。

単純に答えれば、日本国憲法を守る人が住む、ということです。そこには民族は関係ない。人は法の下、平等である、というのが普遍的真理です。台湾人だから、朝鮮人だから、中国人だから住めない。住むのは日本人だけというのは、一昔前の民族主義ですね。しかも、在日の朝鮮、台湾人は戦前の日本の占領によって、日本人として兵役にも就《つ》いて、日本に来て暮らし続けている人たちで、選挙権も含めて、日本国憲法を守る人として、平等に扱《あつか》われるべき人たちです。

主権者には力がある。公務員を選び辞《や》めさせることができる

第十五条　公務員を選定し、及びこれを罷免《ひめん》することは、国民固有の権利である。
2　すべて公務員は、全体の奉仕者《ほうししゃ》であって、一部の奉仕者ではない。
3　公務員の選挙については、成年者による普通選挙を保障する。
4　すべて選挙における投票の秘密は、これを侵《おか》してはならない。選挙人は、その選択《せんたく》に関し公的にも私的にも責任を問われない。

この一項の条文をすなおに、ゆっくり読んでみてください。どう感じます、君は。わたしは一瞬、えっ、ほんとなの？　と疑うくらい、びっくりしました。国民は、公務員を辞めさせることができる。

すなおにこの条文を読めば、こう読めますね。ここでの公務員とは、すべての公務員を指すそうです。政治家だけでなく行政や司法の官僚、自衛隊、警察官、学校の公務員も入ります。ということは、学校の先生も自衛隊員も国民は辞めさせることができる、ということです。やはりこうなると、あらためて驚きますね。すごい力が主権者・国民にある、ということです。

なぜ、このような力が国民にはある、ということが知らされていないのですか、と言いたくなりますね。若い君も聞いたことがないでしょうけど、君自身がこのすごい力を持っている、ということです。自信を持っていいのです。主権者は、君なのです。憲法がその力を与えているのです。

戦前の主権者は天皇です。戦後、私たちは天皇に代わり、天皇と同じ力、主権を持ったのです。それが主権在民ということです。主権在民は、それだけの力を行使できる権力を、私たちは潜在的に持っている、ということです。

もっとも、やみくもに辞めさせることはできません。正当な理由がなければできないからです。

公務員を選び辞めさせる権利を行使する象徴《しょうちょう》として、議員選挙があります。選挙で選ばれた議員の最高は、首相や各省の大臣になり、大臣は行政職員の罷免《ひめん》もできるということです。たとえば、自衛隊員も公務員です。国民の意思で選挙を通して、立法で自衛隊を持たないとなれば、隊員は、その最高の長である総理大臣によって罷免《ひめん》されることになるのです。つまり、選挙とは、主権在民の象徴的行為、ということです。

しかし、この主権者の力について、私たちはほとんど無自覚なのです。わたし自身が、憲法をゆっくりと読んで、この条文に出会い、はじめて知ったのですから。

戦後七十年の間、私たちは主権者の力を自覚しなかったのです。

残念ながら、それは当然なのです。支配層がバックにいる長期自民党政権は、憲法を学校でしっかりと教えないからです。教えれば、必ず主権者意識を持った市民が長期自民党政権にゆさぶりかけるから怖《こわ》い。だから、支配層と自民党は、憲法を教えることが怖《こわ》いのです。マスコミをはじめとする世論形成者は「なぜ憲法教育を学校で行わない！」と、声を大にして、訴える必要があります。憲法教育が十分行われることによって、私たちは主権者意識を十分自覚できるのですから。

第二項の「すべて公務員は、全体の奉仕者《ほうししゃ》であって、一部の奉仕者ではない」は、明治憲法下の公務員、官僚が、天皇のための公務員であって、天皇の赤子である臣民《しんみん》、いまでいう国民のための公務員でなかったことの反省から来ているのです。

公務員は戦前、臣民・国民に対して、見下した態度で向かっていたのを改め、天皇のためではなく、主権者である国民のための奉仕者であることを、ここで宣言しているのです。

その具体化のためにGHQは、警察制度を民主化し、分権化を図り、「オイコラ警察（サーベル）」から「市民警察（こん棒）」への転換を図ったのです。ゲシュタポ（ナチスの秘密警察）、ゲーペーウー（ソ連の秘密警察）にも匹敵する内務省の警察権力（特別高等警察・略称「特高」）から、日本国民を解放するとし、粘り強く抵抗する内務省を解体したのです。（戦前の内務省は官僚中の官僚と言われ、強大な権力を持って、怖かったのです。）

また、官僚制度についても、公務員法が制定され、戦前の東大法学部出身者中心の封建的身分制度、情実的《じょうじつてき》昇進（個人的な利害や感情が絡《から》む人事）などを特色とするものから、公務員試験による公平な採用、職階制《しょっかいせい》（近代的人事管理に不可欠な制度）による昇進、身分保障を実現したのです。

こう見ると、GHQの戦後改革は、しっかりと封建的なところを突いた改革をしたのですね。家父長制度の精神に染まった日本人には、なかなかできない改革です。

三項は、前条の、人はみな平等の規定を受けて、公務員・政治家を選ぶ規定で、はじめて女性の選挙権が認められ、二十歳以上の政治参加の男女平等が実現したのです。さらに二〇一六年から、十八歳以上の男女の選挙権が認められましたね。

明治憲法下では、選挙権は男子だけ、それも二十五歳以上の高額納税者のみでした。

第一回帝国選挙では、国民の一・一%が投票できたに過ぎないそうです。昭和三年に、二十五歳以上の男子の普通選挙が実現したのですが、それでも、国民の二〇%でしかなかったのです。

新憲法が公布され、はじめて、男女すべての成人が選挙権を持ったのです。

大工の目で見ると、戦前の明治憲法の家では、上下のタテ関係が貫かれているのがわかりますね。政治参加が上位者の富裕層。そののち男子が選挙権を持っても、女子は排除。公務員も天皇のための公務員で、すべて上位者層を向いて仕事をしていて、庶民はないがしろにされている。それが戦後の日本国憲法の家では、ないがしろにされていた庶民が公務員を選び、あるいは辞めさせる権利を持ったわけですから、驚きなのです。でも、日本国の家の主人が、天皇から国民に代わったことを自覚すれば、あたりまえ、ということですね。

戦前、集団の請願《せいがん》は認められず、弾圧《だんあつ》された

> 第十六条　何人も、損害の救済、公務員の罷免、法律、命令又は規則の制定、廃止《はいし》又は改正その他の事項に関し、平穏《へいおん》に請願する権利を有し、何人も、かかる請願をしたためにいかなる差別待遇《さべつたいぐう》も受けない。

請願する（国民が国や地方自治体に文書で希望をのべること）のは、いまはあたりまえですね。市民運動の中では、陳情《ちんじょう》にするか、請願にするか、よく話されます。

請願には紹介議員が必要になるが、必ず審議《しんぎ》はされるので陳情よりはいいか、いや、陳情は何度でも出せるが、請願は一度否決されると同じものは出せない、などと普通に話されています。そして、大きな案件では、何百、何千、何万の人が集団で請願に国会に出向き、議員が請願書を受け取ることがあたりまえになっています。

でも時間をさかのぼると、驚きです。戦前の明治憲法下、足尾銅山《あしおどうざん》事件のとき、国会に請願

に向かう三千から一万の集団に対して、政府は一人たりとも東京へ入れるなと戒厳態勢《かいげんたいせい》を敷《し》き、警官・憲兵二百人余を待ち伏せさせ民衆に襲《おそ》いかかり、六十八名を逮捕《たいほ》・投獄《とうごく》したのです。

（そんなことが許されるのか！）

この当時「押し出し」と言われた集団請願は、足尾鉱毒被害《あしおこうどくひがい》に遭《あ》った谷中村の村民が、決死の覚悟で、群馬県の雲龍寺から東京まで、むしろ旗を掲げ、行進した際に起こったのです。

明治憲法にも請願条項がありますが、一人ならいいが、集団ではダメなのです。「日本臣民は相当の敬礼《けいれい》を守り別に定むる所の規程に従ひ請願を為《な》すことを得《う》」とあるように、主権者である天皇の恩恵《おんけい》により「それを行うことを認めてやってやる」という姿勢です。

しかも、皇室典範《こうしつてんぱん》、憲法の変更、裁判に関与する請願はダメ。請願を受ける側もそれを政策上に生かさねばならない義務まで負うものではなく、ただ「聞き置けばそれでいい」というものだったそうです。

田中正造は、国会で「被害民の憲法にもとづく請願権行使に対し、警官・憲兵が殺傷《さっしょう》する弾圧《だんあつ》を行ったことは許せない、それこそ『亡国《ぼうこく》』だ」と有名な亡国演説をしたのが、このときです。

請願が完全に自由になったのは、日本国憲法によってです。新憲法では、主権者たる国民による請願なので、明治憲法のような請願の対象、方法、内容などについての制限もなく、請願を受理した国家機関は「これを誠実《せいじつ》に処理《しょり》しなければならない」と法的な義務が課《か》せられています。

ただし、請願内容が通るか通らないかは、国民の代表による議会の判断によるわけです。

大工の目で見てみましょう。新しい日本国憲法の家の下での請願は、主権者による要求ですから、辞書に示されている請願の意味「自分の希望が許してもらえるように目上の人や役所に願い出ること」とは内容が相容れません。

この内容がぴたりと合うのが、焼けてしまった明治憲法下の古い家の上下関係のしきたりの世界です。なかなか上に意見を出すのがむずかしいとき、あることをしてくれるよう請《こ》い願《ねが》う、というわけですから、新しい日本国憲法の家のやり方ではない、ということです。

日本国憲法でも、この条文は正しい言葉遣《ことばづか》いをしていない、ということになりますね。

GHQ草案にない国家賠償《こっかばいしょう》の条文を議会が入れる

第十七条　何人も、公務員の不法行為により、損害《そんがい》を受けたときは、法律の定めるところにより、国又は公共団体に、その賠償《ばいしょう》を求めることができる。

君は「いまの憲法は押しつけ憲法だ」ということを聞いたことがありませんか。

「だから、いまの憲法を改正して、自主憲法を制定しなければならない」と。

この論法は自民党をはじめ、右派の人がよく使います。

でも「そうではないのですよ」という証拠を、この条文が示しています。

この条文はGHQ草案にありません。日本の国会で議員が審議を通して入れたものです。

それを聞いたときのわたしの反応は、「エーッ、びっくり！　日本が独自に入れた条文があるなんて。いまの憲法はGHQが草案をつくってできたのではなかったの？」です。

たしかに、ふがいない日本政府に代わって、草案はGHQがつくりました。しかし、日本の議会も積極的に憲法づくりに参加し、議論し、足りないところは、新しい条文を入れていることが調べるとわかったのです。

憲法四十条の冤罪《えんざい》による国家保障《こっかほしょう》もそうですし、さらに二十五条の生存権についても日本側が入れたものです。

これでは、右派が憲法改正の理由の一つに挙げる「押しつけ憲法」とは言えませんね。

この十七条は、公権力の不当な圧力により、個人の権利が侵害されたとき、国家に国家賠償《こっかばい》請求《しょうせいきゅう》をすることができる権利を保障したものです。この規定を受けて国家賠償法ができました。

この条文は、近代憲法史の中でも比較的新しい条文だそうです。

ここで一つの疑問が湧きます。人権にうるさいGHQは、なぜこの人権保障を入れなかったのか、です。一方、なぜ人権にうとい日本側が、国家の責任を認める国家賠償を憲法に入れられたのか、です。

調べてみました。GHQが、なぜ入れなかったかというと、この時期、欧米とくにアメリカは「国家無答責《むとうせき》」をとっていたそうです。

国家無答責とは、国は責任に答える必要なし、損害賠償の責任を負わない、というものです。欧米では、早くから「王は悪事をなせず」という概念が発達し、国家の違法行為という概念そのものが認められなかったというのです。

わたしは「へぇー、びっくり！」です。なぜなら、国家及び権力者は、戦争をはじめとして、悪をする、と思っていました。だから、国家権力を規制する憲法ができたのでは？　いったいどうしたの？　です。

よく調べると、これには西欧の歴史がからんでいることがわかりました。

絶対王政時代は、王の支配の国で、王のもとに法律ができていましたから、法の主体である王は悪事をしない前提なのです。ところが近代になると、市民、民衆が力を持ち、王の悪事が明らかになって、市民革命が起きて、王の権力を規制する立憲主義に基づく近代憲法が生まれた、というわけです。

ですから、王よりも経済力が優《まさ》るようになってきた市民は、王の勝手な動きの規制に、憲法という法の契約《けいやく》で歯止めをかける主体となったのです。

この経緯《けいい》から、市民は王・国から賠償を受けるという感覚にはなれない、というわけです。

また、経済的側面で見ると、欧米の場合には、国家自体は、自由国家理念に則《のっと》り、社会の基盤整備は、主として民間の手で行われていたのです。

一方それと異なり、日本の場合は鉄道や港湾《こうわん》の建設など、社会基盤整備《しゃかいきばんせいび》はすべて国家によって行われる必要があったのです。後発国であり、早く富国強兵を行う必要があったからです。

そのため、欧米のように国家無答責の採用《さいよう》は問題が大きかったのです。国の活動であっても、民間経済活動には、戦前から国に、民法を適用したというわけです。

たとえば国有鉄道の活動については民法に基づき、賠償責任を認めたのです。

鉄道工事による損害や汽車の煤煙《ばいえん》で名松が枯れて死んだ事件等がそれです。

ただし、これは民間経済の範囲においてです。国家権力の活動については一切、認めていません。明治憲法下では、国家の公務によって個人に損害を与えたとしても、役人（官吏《かんり》）は、天皇に対してのみ責任を負うとされていましたから、切り捨て御免《ごめん》的姿勢がまかり通り、国の権力行使で、違法行為があっても、責任は問われなかったのです。

このような経緯から、日本では明治憲法下でも、国家賠償が行われていましたので、憲法草案の検討段階で、国による賠償責任の条項を入れることが可能になったというわけです。

大工の目で見ると、この国家賠償請求を日本の国会が独自につくったケースは、石組みの西洋建築を日本に導入したときの対応を思い起こします。

日本の風土に合わないからと、西洋建築の外部の石組みを残しつつ内部に木造建築の工法を入れ、木を使った板張りの壁や床板を使用して、和洋折衷《わようせっちゅう》の日本独自の家づくりをしたことと似ていますね。

徴兵制はこの条文を根拠に、違憲になるという

第十八条　何人も、いかなる奴隷的拘束《どれいてきこうそく》も受けない。又、犯罪に因《よ》る処罰の場合を除いては、その意に反する苦役《くえき》に服させられない。

君はこの条文を読んで、どう思いますか？

わたしは、おや？　と思いました。「奴隷」という言葉に対してです。アメリカの奴隷制度という言い方ではよく聞きますが、日本の日常生活や歴史の中では出てきません。

この規定、アメリカ連邦憲法の影響を受けているといわれています。

「えッ、驚き！　日本の憲法にアメリカ憲法の要素が入っている。ＧＨＱ草案にチェックを

入れた役人や議会が、そこまで気がつかなかったということでしょうか」

この条文が示すのは、主権者である個人は、自由を奪われてはならないので、身体を拘束されたり、苦役、つまり望まない労働を強制的にやらされることはない、という宣言です。

「苦役」は、労働において通常考えられる以上に、苦痛を感じる任務のことです。

一昔前の労働現場での、たこ部屋（長時間にわたり行動の自由を奪われ使役される労働者の部屋）での拘束《こうそく》や苦役。現在でも起きている長時間労働の過労死は、まさしく苦役そのもの。この条文が示す憲法違反です。

そして、徴兵制は、「本人の意思に反し、兵役という役務《えきむ》を義務づけるもの」であるため、強制的な苦役を禁止した本条に違反するとして、憲法違反になるといわれています。

ここで「兵役という役務」という聞きなれない言葉が出てきますが、実はこの言葉は政府見解なのです。（一九八〇年政府答弁）

自民党政権もいいことを言いますね。徴兵制案が出たら、憲法違反だと声を上げましょう。

明治憲法下では天皇主権であり、家父長制度下にあるので、貧乏な家の家長によって、娘は女工に出されたり、遊郭《ゆうかく》に売られたり、好きな人がいても、親の決めた家に嫁《とつ》いで行ったりと、本人の意思に反した行為による苦役は、よくあることでした。

戦前は家共同体のために、私を捨てて奉公《ほうこう》するという滅私奉公は、あたりまえだったのです。その延長線上に、家父長天皇制国家での滅私奉公として、徴兵制に応じて、国のためにいのちを捨てることがあたりまえに行われたのです。

大工の目で見ると、八月十五日に焼け落ちた古い家は、滅私奉公の家です。上下関係の中で、下位者はがまんがまんです。言いたいことを言わず、ただ耐え忍ぶ。私を殺して、奉公することによって、日々の食べものにありつける。食べることで精いっぱいの貧しさの中での庶民、農民なのです。苦役に近いものがあります。

「あいつを殺したい」と思うことは自由です

第十九条　思想及び良心の自由は、これを侵してはならない。

君はこの表題をどう思いますか？　少し刺激的すぎますか？

この条文の「思想及び良心の自由」とは、別の言い方をすれば、「内面の自由」「心の自由」ということです。それを保障しているのです。

心の中で、どんな考えや思いを持っていてもいい、ということです。

ですから、「あいつを殺したい」と思うことも自由です。「あの娘を犯したい」と思うことも自由です。実行すれば、犯罪になることでも、心の中で思うことは自由なのです。この権利は侵してはならない、という条文です。

「えーっ、問題じゃないの？　悪いことを心の中で思っていると、実際に行ってしまう可能性があるのだから、心の中で思うことそのものがいけないんだよ。良い心はいいけど、悪い心を持つ自由はないよ」と、君は主張しますか？

たしかに、この考えは一見、正論のように聞こえます。でも、心の内面の中で、何が良い心で何が悪い心かを決めることは、むずかしいのです。

性に目覚めた若者があの娘を犯したい、と思うのは青春の欲求です。

いつもいじめられている子が、あいつがこの世からいなくなればいいんだ、それには殺せばいいんだ、と思うのも、防衛意識の現れです。

もし、このような欲求の現れをいけないことだと、規制し、本人も「悪い心だから」と納得して、自ら無理に心の奥に押し込めても、ゆきづまれば、自分の意思とは関係なく、暴発して、大事件を起こすことは、しばしばです。

大事なのは、欲求の現れを自分の中で受け入れて認め、殺したいと思っている自分はいるが、実行すれば大変なことになる、と自ら考え、自己を制御していく理性を高めていくことです。

さらに、なぜ自分は「あいつを殺したい」と思うのだろうと、考えを深められれば、解決にさらに近づいていきます。

あるいは、貧富の差の象徴、不平等の象徴となる天皇制を廃止したい、と思うのも自由ですし、その意見を表現することも自由ですが、人の人格を傷つけるような発言は慎《つつし》まなければいけません。

しかし、戦前はそうでなかったのです。この条文は、戦前の明治憲法下で、思想弾圧が激しく行われた苦い経験からきているのです。なにせ、刑期を終えた人でも、悪い思想を持っているので、出せばまた悪いことを実行するだろう、ということで、そのまま獄に入れつづけた国だったのですから。ホントにびっくりです。

この十九条の「内面の自由」を保障した条文を、二十条の信教の自由、二十一条の表現の自由などと区別して規定しているのは、世界的にもあまり例がないそうです。

【第十九条深掘り】

式典がいつの間に国家神道の思想統制に。教育勅語の恐ろしさ

思想及び良心の自由で、もっとも問題なのは、心の中の良し悪しを、権力者が干渉《かんしょう》して、内面の自由を拘束《こうそく》しようとすることです。

こういう考えを持ってはダメだ、議論してはダメだ、こういう本は読んではダメだ、出版してはダメだ、と言ってくることです。

「エーッ、そんなことがあるんですか。あり得ないでしょ」と、君は思いますか。

この「内面の自由」は、いまの私たちはあたりまえと思っていますが、七十三年前、敗戦まで、明治憲法下では、そうではなかったのです。

天皇は神聖不可侵の存在として、政治的にも絶対であっただけでなく、精神的にも、道徳的にも絶対的な存在であるという思想統制が行われていたのです。

その天皇崇拝に、最も強い影響を与えたのが、教育勅語《きょういくちょくご》です。

教育勅語は、神である天皇が国民に直接語りかける道徳と教育の理念を表したもので、父母に孝行、兄弟姉妹仲良く、夫婦仲睦《なかむつ》まじくなどがありますが、一旦緩急《かんきゅう》あれば義勇公《ぎゆうこう》に奉じと、緊急のとき、つまり戦争になったら、おおやけのため、天皇のために一身をささげ、皇室国家のためにつくせ、という内容になっているのです。

具体的には、子どもたちに徹底的に教育勅語を暗唱《あんしょう》させ、また、入学式、卒業式や式日（しきじつ＝元日、紀元節、明治節）などでは、厳粛荘重に、直立不動で、奉読会が行われたのです。

まず御真影礼拝《ごしんえいれいはい》（御真影とは天皇・皇后の肖像写真）、天皇陛下万歳奉祝《ほうしゅく》（奉祝とはつつしんでお祝いすること）、勅語奉読《ちょくごほうどく》。校長訓話《くんわ》、式歌斉唱、とおごそかにつづきます。

式典には、父兄親戚、市町村住民もできる限り参加させられます。

また、この儀式《ぎしき》で奉読される勅語の謄本《とうほん》は、御真影《ごしんえい》とともに、学校の奉安殿《ほうあんでん》にまつられ、天皇の分身、教育の本尊《ほんぞん》と崇《あが》められ、前を通るときは必ず一礼をしなければならなかったそうです。

（エーッ、そうなんですか。これほどまでとは！　教育勅語が教育の本尊とは驚きです。想像ができません。）

このおごそかな儀式のほんとうの恐ろしさは、やがて大人になる全国の子どもたちを洗脳するだけでなく、身体レベルで、丸ごと天皇崇拝《てんのうすうはい》を植えつけたことです。国家神道の草の根の具体化です。

教育勅語が、天皇への忠誠心を植えつけるため、学校教育を通じて小さいときから、国民に強制され、天皇制の精神的・道徳的支柱となり、その後の「大東亜戦争」を支える精神として、「軍人勅諭《ぐんじんちょくゆ》」とともに、二大勅語として、重要な働きをした、というわけです。

実は、これほどまでではなくとも、現在の小中学校での式典で、日の丸掲揚《けいよう》、国歌・君が代斉唱《せいしょう》は、文科省の強い指導で、全国で行われ、戦前の習いを見習おうとしています。（一時、大阪の塚本幼稚園で教育勅語の暗唱が行われていたことが話題になりましたね。おそろしいことです。）

大工が建てる家でも儀式があります。建前《たてまえ》の祝いや落成式です。一番大きいのは、建前です。仮設の神棚をつくり、大工の棟梁《とうりょう》が神主に代わって、祝詞《のりと》をあげ、弟子が東西南北の四隅にお神酒《みき》をかけ、柏手《かしわで》を打って、工事の無事を願う。そのあと、近所の参加者にお餅《もち》やお菓子等を投げて、振る舞い、宴席《えんせき》を設けて、大工や工事関係者にご祝儀《しゅうぎ》を渡す、という段取りです。私が子どもの頃、近所の家の建前の餅まきで、一所懸命《いっしょうけんめい》、餅などを拾った覚えがありますし、大工になってから、餅をまいたこともあります。

しかし、このような伝統的行事は、最近は大手建築会社の住宅建設が増えるにしたがい、なくなっています。建築方法の分業化が進み、以前のような近くの大工の棟梁《とうりょう》がすべての工事を統括して建てるということはなくなり、建築は営業マン、現場監督、設計士に依頼された請負《うけおい》大工、請負電気屋、請負内装屋という具合に、分業化され、建前の祝いの支出をなくして、その分が大手建築会社の取り分、現場監督の費用等に配分されているのです。

建築からも儀式や祭りが消え、ビジネスライクになっています。

戦前、神道は宗教ではない。「社会習慣」と言って宗教弾圧を行う

第二十条　信教の自由は、何人に対してもこれを保障する。いかなる宗教団体も、国から特権を受け、又は政治上の権力を行使してはならない。

2　何人も、宗教上の行為、祝典《しゅくてん》、儀式又は行事に参加することを強制されない。

3　国及びその機関は、宗教教育その他いかなる宗教活動もしてはならない。

君は知っていますね。どの宗教を信じる、信じないかは、個人の自由、ということを。

憲法はこの条文で信教の自由を保障しているのです。

君はこうも思ってはいませんか。「誰も宗教を強要されない、このことはあたりまえでしょ。だから、いちいち憲法に書くようなことですか」と。

そう、その通り、君の言うように、宗教の自由はあまりにもあたりまえ、と誰もが思っていますよね。ところがわずか七十三年前、GHQはつぎのような神道指令を出したのです。

公教育での神道の禁止。公的儀礼、国家行事に神道を利用することの禁止。神社を統括《とうかつ》していた内務省神祇院《じんぎいん》の廃止。神社への国費投入の廃止。神職公務員の廃止。神職養成機関の皇典講究所《こうてんこうきゅうじょ》の廃止、です。

これを見ると、戦前・戦中は学校教育や国家行事でも神道が行われ、内務省（いまの総務省）が神社を支配し、国費を入れ、神職を養成して、公務員としていたんですね。

（驚き！　ホントなの？　こんなことがあり得るの！　神道オンパレード！）

初めて知ったときの、わたしの正直な感想です。これが国家神道です。

しかも政府は「神道は宗教ではない」という法解釈に立っていた、というのです。

ですから、神道・神社を他宗教の上位に置くことは、憲法の信教の自由とは矛盾しないと言ったのです。（明治憲法でも宗教の自由は認められていました。）

これはほんとに驚きですね。恐ろしいへ理屈。へ理屈が真として通ってしまう恐ろしさ。開いた口が塞《ふさ》がりません。

そして官立・私立のすべての学校での宗教教育を禁止し、「宗教ではない」とされた国家神道を、宗教を超越《ちょうえつ》した教育の基礎と定め、その具体化として「教育勅語」を丸暗記することが強制され、靖国神社《やすくにじんじゃ》は国のために戦死した人を、神と祀《まつ》る特別な位置を与えられたのです。

その結果、国家神道に反発する大本教《おおもときょう》や、ひとのみち教団、天理本道《てんりほんどう》、キリスト教救世軍《きゅうせいぐん》、灯台社《とうだいしゃ》（ものみの塔聖書冊子協会日本支部）、創価学会《そうかがっかい》等が弾圧《だんあつ》された、というわけです。

この二十条は、戦前の国家神道が軍国主義と結びついて、戦争を強力に進めたことから、それを二度と繰り返させないための条文となっているのです。このことによって、仏教はもちろん、戦後に林立した新興宗教の活動は、自由になったのです。


……………………


大工の目で見ると、家づくりには、どうやらＧＨＱによる神道指令が及んでいないようです。

私が工務店に入り、大工になったのは、戦後四十数年あたりからです。多くの新築現場に立ち会ってきましたが、すべての建前が、神道式です。辞書で調べると、仏教式もあるとありますが、見たことがありません。むろん、キリスト教式もです。どうやら、敗戦があっても、庶民の伝統を変える宗教改革は日本では起こっていない。そして、なし崩し式に経済的効率から、建築の分業化が進むことによって、宗教儀式はいつのまにか少なくなっている、ということですね。ただし、大きいビルや建設工事になると、神主による地鎮祭《じちんさい》等の神道儀式はしっかりと生きていますね。何か事故が起こっては困るから心理的安全策として拝《おが》むのでしょう。

権力はときに悪をする。表現の自由が国家により奪われた時があった。GHQも検閲をした

第二十一条　集会、結社及び言論、出版その他一切の表現の自由は、これを保障する。
2　検閲は、これをしてはならない。通信の秘密は、これを侵《おか》してはならない。

君たちはまだ若いので、自分たちでサークルや会をつくったり、集会を開いて、自分たちの主張を広く訴えたりしたことがないかもしれません。しかし、自分の表現を広く認めてもらう、ということで、会をつくったり、ニュースを出したり、集会などを開くということはとても大事ですね。

私たち、多くの市民は、これらの行動をあたりまえにやっています。

これができるのは、この条文があるからです。

「えっ、憲法があるからできるの？　こんなことは憲法がなくたって、あたりまえにできることではないの、人間なんだから」という声も聞こえてきそうですが、そうもいかないのです。

国家権力は悪もするので、このように憲法で縛《しば》っているのです。

その具体例を示しましょう。わずか七十三年前、敗戦直前まで、自由は国家によって著しく規制され、検閲《けんえつ》が行われていたのです。

共産主義・無政府主義の宣伝・煽動《せんどう》の禁止。皇室批判の禁止。日本の植民地（朝鮮・台湾など）独立運動の煽動《せんどう》の禁止。人工妊娠中絶《にんしんちゅうぜつ》の方法の紹介などの禁止。要塞《ようさい》地帯や軍港などの地理記述、写真などの発行禁止、です。

「びっくり！　そんなことまで禁止ですか？」

そうなんです。明治憲法では「日本臣民は、法律の範囲内において、言論、著作、印行（印刷して発行すること）、集会及び結社の自由を有する」となっています。

この条文を読むと一見、集会の自由があり、よさそうに見えますね。しかし、自由が「法律の範囲内」に閉じ込められていたのが問題です。

のちにできる法律、不敬罪《ふけい》・出版法・新聞紙法・治安警察法・治安維持法などにより自由が制限され、さらに戦時体制下では、国家総動員法《こっかそうどういんほう》などにより、厳《きび》しい言論統制《げんろんとうせい》が、情報局や特別高等警察・略称「特高」によって行われ、多数の知識人が引っ張られ、監獄《かんごく》に入れられ、いのちを亡くした人も出たのです。ですから、その歴史を知っているＧＨＱは、自由が法律の範囲内に制限されないように、最高法規である憲法に制限なしの、この条文を入れたのです。

しかし、権力の恐ろしいところは、この条文を指示したＧＨＱ自身も、新憲法施行後もその裏で、密かにＧＨＱの政策に反する情報の検閲を徹底的にやっていたのです。個人の手紙も開封され、検閲していたのです。

（えーッ、開封ですか、ほんとですか！　ＧＨＱが！　信じられない。検閲禁止を言っているのに。その当事者が検閲をしている！　恐ろしい……）

このことは、権力者はいかに信用できず、個人を欺《あざむ》くかがわかりますね。権力者は必要とあらば、悪を平気でするのです。むろん、占領者の権力は敗戦国の憲法をも超えます。

したがって個人は、政治をしっかりと監視《かんし》することが、とても大事なのです。現在、国民の大反対の中、特定秘密保護法が成立し、表現の自由、知る権利の自由が脅《おびや》かされています。

「知る権利」は表現の自由の前提ですね。知る権利が保障されて、はじめて知的活動ができ、そのうえで表現の自由が保障されるのです。

権力者が何でも秘密だと拡大解釈すれば、知ることが脅かされ、知的活動が制限され、結果として、この表現の自由が束縛《そくばく》されます。

居住・移転・職業選択の自由は、戦後の姿。戦前は、農民は農民のままでいるしかなかった

第二十二条　何人も、公共の福祉に反しない限り、居住《きょじゅう》、移転《いてん》及び職業選択の自由を有する。
2　何人も、外国に移住し、又は国籍を離脱《りだつ》する自由を侵されない。

「自分がどこに住もうが、職業を何にしようが、選ぶ自由があるのはあたりまえでしょ」と誰もが思っていますね。

いちいち憲法に書くほどのことですか？　とも言われてしまいそうですね。

でも、身体の移動の自由がない時代があったのです。

「ウッソー、そんなこと考えられない、びっくり！」と、若い人は言うでしょう。でも、身近で見ていますよ。テレビや映画で。日本では通行手形を見せて関所《せきしょ》を通る江戸時代がそうですね。藩の外に出るのは禁止。破れば脱藩《だっぱん》ということで、重罪です。封建時代は藩の外に自由に出ることは許されず、武士は武士、農民は農民というようなさまざまな身分制度があるため、職業選択の自由もありません。

明治維新を成し遂げた人々の中心にいた脱藩浪士《だっぱんろうし》の坂本龍馬は、その禁止を破った代表です。

いまは、県境《けんきょう》を通るのに通行手形（パスポート）はいりませんね。国外に出るときだけ、パスポートが必要になっています。

明治維新によって、富国強兵《ふこくきょうへい》、殖産興業《しょくさんこうぎょう》のために労働力確保が重要になり、移動の自由が必要になったのです。では、明治になって自由になったかというと、そうではありません。明治政府は、富国強兵を進めますが、大工業ができ、大都市ができるのはずっと後です。明治憲法は居住、移転の自由を保障していますが、農民が都市に出て働くにも、働く場所がありません。職業選択については、身分制度がなくなっても、すべての国民の平等規定がなく、貴族制度ができたり、地主と小作人という封建制時代の社会習慣が残っていますので、農民は長い間、農民のままでいるしかなかったのです。

農民が小作人の地位から解放されたのは、敗戦直後のＧＨＱによる農地解放によってです。

大工の目で見ると、自分の家をどこに建てるのかは、戦前は自由ではなかったのです。家制度・家父長制度があり、自分の家を建てるには、家長の許しがないと建てられないのです。長男は後を継ぐので本家を守り、次男三男が許され、分家として近くに新しい家を建てます。つまり、規制があるのです。女性は問題外です。お嫁に行き、嫁ぐ相手の家に入るので、自分で新しい家を建てる可能性はありません。

戦後の日本国憲法下のいまは、家制度がなくなったので、自由ですね。制限があるとしたら、お金をどれだけ持っているか、だけです。持っていなければ、自分の望む場所に家を建てることができません。それだけいい土地は地代が高いからです。つまり戦前に家父長制度の足かせがあったように、戦後は資本主義制度の足かせはあるのです。その意味で自由ではありません。

国家が悪いことをするので縛りを入れた、学問の自由

第二十三条　学問の自由は、これを保障する。

若い君にとって、学問というと何をイメージしますか。

庶民・生活者にとっては、学問というと堅苦しく感じ、大学の先生が研究しているもの、近寄りがたいもの、と思ってしまいますね。その自由を保障するといっても、生活に関係ないな、と思ってしまいます。ところがどっこい。生活に大いに関係するのです。

たとえば学問を、科学と言い替《か》えればわかります。台所の品物や住宅やガスや電気が、科学の進歩によってできていることは誰でも知っています。この科学の研究が、自由に活発に行われることによって、その恩恵として、生活の物質的豊かさがあるのです。

「なるほど、それならいちいち学問の自由を保障するなんて言わなくても、誰からも文句が

出ないんじゃない。憲法に書く必要もないくらい」と、私たちは思ってしまいますね。ところが驚きがあります。学問の自由について何も書いていない明治憲法。何も書いていないのだから、一見、自由にやってください、と放任のように見えますが、書いてないことが要注意なのです。

戦前、時代が緊迫度《きんぱくど》を増すと、国家権力は、国家の方針である天皇制国家に反する学問を表現した本を発禁処分にしたり、その本を書いた学者の免職《めんしょく》を要求したのです。

代表的な学問の弾圧に、滝川事件や天皇機関説事件があります。

京大の滝川幸辰《ゆきとき》法学部教授の刑法学説が共産主義思想だと、本を発禁処分され、教授も免職になったのです。また、天皇機関説を唱えた東大教授の美濃部達吉《みのべたつきち》博士は、皇室に対する不敬《ふけい》罪《ざい》で告発《こくはつ》され、本が発禁処分《はっきんしょぶん》となり、貴族院議員を辞任するまでになったのです。

国家権力は時代状況により、悪いことをするのです。

その歴史を踏まえ、国家権力が二度とそのようなことをしないように、憲法に「学問の自由」を規定して、権力者に縛りを入れたのです。

女性は改姓しない抵抗を。男性は改姓する抵抗を!
家父長制度の社会習慣はいまも根強い

第二十四条　婚姻《こんいん》は、両性の合意のみに基いて成立し、夫婦が同等の権利を有することを基本として、相互の協力により、維持されなければならない。

若い君たちには、とくに女の子には、この条文はとても大切ですよ。

これから将来、結婚した場合には、自分の名の改姓をどうするかの問題が必ずやってきます。

この表題の意味がまだピンとこないかもしれません。

家父長制度の社会習慣についても、ピンとこないかもしれないですね。なかなか見えづらいのですが、いざ結婚となるとあらわになってくるのです。とくに女性は不平等を強く感じますよ。この不平等は家父長制度のなごりからもたらされるのです。

女性の不平等が劇的に改善されたのが、敗戦によるＧＨＱの外からの革命です。

この条文によって夫婦平等が、国の方針になりました。

しかし制度変更が行われても、戦前からの家父長制度の社会習慣はなかなか変わりません。

政府が新憲法制定時に、家父長制の精神でしつこく抵抗する姿をこれまでの条文で見てきましたが、実は私たちの中にも同じものが生きているのです。

わたしの名前、「明良佐藤《あきよしさとう》」はヘンと思いませんか。

欧米式の真似《まね》をしているのではありませんよ。わたしは旧姓小関なのです。

この旧姓、既婚女性はほとんど持っていますよね。男性が旧姓を持っているのは、まったく少数です。では、男の私がどうして？　です。そのいきさつを話します。

結婚するとき、彼女が姓を変えたくない、と言ったのです。わたしは女が当然変わるものと思っていました。なぜなら、それが社会習慣だからです。（家父長制度の習いはいまも根強い。）

若い君たちは結婚するとき、どちらの姓を変えますか。男のほうですか、女のほうですか。

わたしは困ってしまって、本を読んでみたのです。そしたら、「改姓は男女どちらかの姓を名乗る」となっていたんです。

「女が男の姓に変わるとなっていない！」。逆に「男が女の姓に変わってもいい」となっている。これを知って、ホントにびっくり！　青天《せいてん》の霹靂《へきれき》！

法律とは保守的なもの、と思っていました。それがまったく逆、革命的なことを言っている！

そんなことがあるのか！　です。そう、ここに憲法二十四条が生きているのです。

それまでのわたしは、戦後も根強くある家父長制度の習いから改姓を考えていたのです。

「女が変わるのがあたりまえ」と。

憲法二十四条はそれを革命して、男女平等の精神からどちらでもよいとしている、ということです。

わたしは小関家の跡取《あとと》り息子として厳《きび》しくしつけられ、自由を束縛《そくばく》されたので、家父長制度に反発して生きてきました。だから、法律で男の私が改姓してもいい、といっているので積極的《せっきょくてき》にわたしが改姓したのです。ところが困ったことに、「佐藤さん」と呼ばれ出し、「婿養子《むこようし》に行ったの？」とまで言われて、参ってしまったのです。（婿養子とは、家父長制度下の習いです。）そこで一生変わらない親からもらった個人名・明良を通用させたいと、姓名を逆にして明良佐藤と名乗った。略称は明良。すると「明良さん」と呼ばれ、通用し出した。署名は明良佐藤。

家父長制度の習慣は、いまも根強いものがあります。

女性はこれを変える抵抗をしてほしい。自らの力で憲法の条文をつかみ取ってほしい。その象徴が改姓。男女平等なので結婚時の改姓は、男の姓か女の姓かどちらかを選べる。選択の自由がある。これもＧＨＱの強い指示があって実現したものです。

ところがびっくり。現実はいまも九六％、女性が変わっている。戦後七十三年経っても、この圧倒的不平等！　なぜ女だけが改姓を？

周りから、女が変わってあたりまえ、とじわりとくる。相手の家に入るという、嫁入りの意識がいまも生きている。

これに抗《こう》するには「私は変わらない。あなたが変わって」と女性が主張を貫く力が大事。別姓が認められていれば、私もあなたも変わりたくない。だから別姓で、となる。しかし、最高裁判決はそれを認めなかった。男の私が改姓したように、改姓には男女平等原則が生きている。男社会で男が改姓するのは周《まわ》りからのプレッシャーがあるので大変だが、このプレッシャーは女性がいつも感じているもの。改姓しない男は、男社会の中で、のほほんとしてしまう。だからいつまでも、男社会は変わらない。

結婚は共に苦労を分かち合うこと。改姓することの大変さを、男も体験することで、はじめて男の意識も変わる。女と男の改姓の数が同等になれば、人格の象徴である名前で革命が起これば、外から革命された家父長制度は、ほんとうに内から革命される。

戦前から戦後のいまも、ずーっと男社会であった日本の社会が変わる。

日本人には、意識革命が必要なのです。

それには人格の象徴である名前の改姓をきっかけにするのが一番いい。

⋯⋯⋯⋯⋯⋯⋯⋯⋯⋯⋯⋯⋯⋯⋯⋯⋯⋯⋯⋯⋯⋯⋯⋯⋯⋯

大工の目で見ると、焼けて崩《くず》れた古い家の跡地《あとち》に、新しい日本国憲法の家を建て、建物の枠組みは新しいスタイルに変わったが、住む人間の意識がなかなか変わらない。夫婦が同等の権利を有することは納得したが、いざ改姓となると、どちらかの姓を名乗るとなっているので、どちらになる、と綱引きになる。二人で新しい家をつくるのだから、新しい家の名にすればいい。男親の姓を引き継ぐことはない。一つ屋根の下に夫婦も子どもも住むのだから、新しい家の名をつければ、納得。ただし、これには民法改正が必要になる。夫婦別姓でいきたい人も同じ。ということは、民法のほうが、古い家の法律を引きずっていて、憲法の革命に十分対応していない、ということになる。

夫婦は平等。日本史上、革命的文書

第二十四条2　配偶者《はいぐうしゃ》の選択、財産権、相続、住居の選定、離婚並びに婚姻《こんいん》及び家族に関するその他の事項に関しては、法律は、個人の尊厳《そんげん》と両性の本質的平等に立脚して制定されなければならない。

この条文の成り立つ背景に、女性の苦難の歴史がありますよ。若い君たちに、それを伝えておきましょう。学校では、このようなことはなかなか教えてくれませんからね。

戦前、女性は選挙権がなく、女に教育はいらないと言われ、結婚も自分の意思ではできず、家長同士の話で決まり、嫁入りとは相手の男性と結婚するのではなく、相手の家に入り、嫁《とつ》ぐこと。そこではじめて、相手の男性の顔を見るということもしばしばだったのです。

家の財産は原則、長男子が継《つ》ぐのが家父長制度で、妻は「無能力者」とされ、夫の同意なくして、契約など法律上の行為ができない立場だったのです。

夫が一家の主《あるじ》として、夫婦の財産を管理し、子の親権者《しんけんしゃ》となり、さらに家の存続が何よりも重視され、妻に子どもができない場合には、夫は妻以外の女性（人妻でない限り）との間に子をもうけ、後継ぎを確保することが公然と、許されていたのです。

他方、妻は夫以外の男性と交われば、夫の告訴によって姦通罪《かんつうざい》として、六カ月から二年の懲《ちょう》役刑《えきけい》を受ける処罰の対象となっていたのです。

（これら一つひとつの事実が、ほんとにびっくりです。女性は戦前、ほんとに苦難の中を生きていたのですね。）

このように、家制度・家父長制度下では、男尊女卑《だんそんじょひ》があたりまえ。

それが家父長制度の中の女性です。

実はこの二十四条は、ＧＨＱ民政局で唯一女性であったベアテ・シロタが、男性陣が書いた草案になかったものに自らが入れて、承認されたものです。

（びっくり！　軍隊の中の女性が書いた！　日本では考えられない！）

もっとも彼女は軍人ではなく、言語の堪能《たんのう》な有能な民間の調査員、ＧＨＱ民政局の翻訳《ほんやく》スタッフです。彼女は以前日本に住んでいて、日本の女性が家父長制度の中、虐《しいた》げられていたことを実感していたので、男女平等の立場から、そのことをしっかり押さえた条文を書いたのです。とくに条文最後においては「法律は、個人の尊厳と両性の本質的平等に立脚して制定されなければならない」とあらためて、下位法においても憲法規定に立脚した法律でなければならないことを述べて、不平等にならないように、戦前のような差別があってはならないと、念押ししているのです。

この男女平等条項は現在でもアメリカの憲法にもありません。それだけこの条文の男女平等は、世界的にも革命的なのです。

大工から言うと、古い家がダメになって、そのあとに建てる新しい家の図面ができたとき、古い家の部材が利用できるかどうかは、部材の総点検が必要になります。当然、新しい家の図面の構造材に合わなければ、再使用ができないからです。明治憲法下にできた法律も当然、新憲法ができたとき、新憲法の構造に合うかどうかの総点検が、政府主導で行われなければならなかったのです。でもどうやら自民党政権は、それをやっていないようです。近年、民法や刑法改正で、明治以来の百年ぶりの改正などと言われています。尊属殺人罪の改正もその一つ。つまり戦後も成り行きにまかせて、問題が出たら検討するという消極的な姿勢です。自民党政権の、憲法を学校でしっかり教えない姿勢と通じているように思えます。

【第二十四条深掘り】親子の壁を崩し、個として尊重される人（女性）に光を！最高裁がはじめて法律に憲法違反を出した尊属殺人罪《そんぞくさつじんざい》

君は「親孝行をしなさい」と言われたことはありませんか？　いまはあまり言われなくなったかもしれませんね。わたしは母親からよく言われつづけました。わたしは家を継ぐ長男として育てられたからです。

たしかに親に子が孝行する、親孝行をするのはあたりまえですね。

でも、この考えのもとに法律ができて、子がいつまでも親から自立することを拒《こば》まれていたとしたら、個を尊重するというこの憲法の大原則がないがしろにされている、ということです。子も親も個人であり、その意味で平等なのですから。

このことが現実となった事件がありました。それも最高裁で、はじめて法律を違憲とした判例です。結果、数少ない違憲判決となりました。

尊属殺人罪を規定する刑法二百条を、憲法十四条違反と、一九七三年に判断した事件です。

この事件の十八年前にも、尊属殺人罪の合憲性が問われた事件があったのですが、最高裁は家族間の道徳を「人倫の大本《おおもと》」として、子が親を敬《うやま》う義務を具体化した規定として、尊属殺人罪を合憲と判断を下し、その後もこれを踏襲《とうしゅう》した合憲判例がつづいていたときのことです。

ついに、次に述べる事件を契機に、一九七三年に最高裁は違憲判決を出したのです。

地裁の裁判官をして「この女性に刑務所に行けと誰が言えるのか」と言わしめ、弁護士にも「こんな野獣《やじゅう》のような父親でも『人倫の大本』という理屈が通るのか」と言わしめ、「この女性を救えなければ、法律がおかしいと誰でもが思える事案」と憲法学者にまで言わしめた事件は、一九六八年十月に栃木県矢板市で起きました。

会社員の女性（当時二十九歳）が、同居する実の父親（当時五十三歳）を殺害した事件です。近くの男性は「こどもを連れて歩く姿は夫婦のようだった。親子だなんて、その時は思わなかった」と話しています。

女性は中学二年のとき、父親に強姦《ごうかん》され、以降、酒に酔《よ》うたびに繰り返され、拒否すると暴力をふるわれたのです。とがめた母親は家を追い出されました。十七歳で父親の子を身ごもり、出産。その後も、立て続けに四人の子を産みました。二十五歳のとき、地元の印刷工場で働き始め、そこで出会った男性と恋に落ち、父親に結婚したいと打ち明けると、父親は嫉妬《しっと》に狂い「どこまでも追っていくからな」と暴《あば》れたのです。この地獄《じごく》から抜け出すには殺すしかないと、父親の首をひもで絞め、殺害後、警察に自首し、尊属殺人罪で起訴されました。

尊属殺人罪は明治十三年の旧刑法からつづいていて、子が親を敬《うやま》う「孝」の精神に基づいて、親や祖父母など目上の直系親族に危害《きがい》を加えた場合、通常より刑を重くする刑法規定です。親を殺した場合、死刑か無期懲役《むきちょうえき》、最大限刑を軽くしても懲役三年で、執行猶予がつかなかったのです。そしてこの事件で、最高裁判決は尊属殺人罪ではなく、刑法一九九条の殺人罪を適用し、懲役二年六カ月、執行猶予三年を言い渡したのです。(尊属殺人罪規定は一九九五年に削除される。)

いかに親孝行が大事だ、親を大切にしなさい、と言っても、現在は、親が親の務めをはたさず、子を放置し、子に虐待《ぎゃくたい》を加えることが、珍しくなっています。親が子を殺し、子が親を殺すこともよくニュースで伝えられるこの頃です。この状況で、戦前の家父長制度の道徳観、親を敬いなさい、と一方だけに言うことはできませんね。

基本は、親も子も、個人が尊重されることが、最も普遍的《ふへんてき》に大事にされなければならないことなのです。

大工の目から見ると、戦後の新しい日本国憲法の家に移ってきたのに、そこに使われていた柱が戦前の古い柱のままだったということです。

明治憲法が廃止されて、日本国憲法になっているのに、明治憲法下に成立している下位法である刑法が、戦後憲法下でも、そのまま使われていたのです。おかしなことです。

健康で文化的な生活を営むための、国の「貧富格差」廃止宣言

第二十五条　すべて国民は、健康で文化的な最低限度の生活を営《いとな》む権利を有する。

2　国は、すべての生活部面について、社会福祉、社会保障及び公衆衛生の向上及び増進に努《つと》めなければならない。

若い君はこの表題の「貧富格差」廃止宣言に注目しませんか。

いまは社会に格差が拡大して、若者の進学や就職に親の貧富がそのまま映し出される状況ですね。

憲法に「貧富格差」廃止宣言の条文があるなんて、大いに注目です。

その憲法条文が二十五条の「すべて国民は、健康で文化的な最低限度の生活を営む権利を有する」です。しかも、最も重要なのは、「最低限度の生活」でも、ということです。健康で文化的な生活を営む権利を、私たち主権者は最低限でも持っているのです。（これは専門家とは見解が異なるかもしれません。）

これ、驚きではありませんか！

つまり、生存権がおびやかされるような貧乏であってはならない、ということを暗に宣言しているのです。お金がなくて、貧乏であれば、文化的で健康な生活ができません。余裕がなければ、健康で文化的な生活が送れません。権利を行使すれば、すべての人が健康で文化的な生活ができる、と言っているのです。資本主義社会は競争社会です。したがって、競争に勝ったものと負けたものでは、貧富の差が出てしまいます。しかし、その貧富の差は、すべての人が健康で文化的な生活を、できることを壊《こわ》さない範囲《はんい》でなければならない、ということをうたっているのです。

そのために二項で、国が社会福祉、社会保障及び公衆衛生の向上に努めると宣言しているのです。すばらしい条文ではありませんか。貧富の格差廃止宣言であり、国はその目標に向かって努力する。主権者である私たちは、国がそのような政策をしっかりと行っているかを監視し、権利がつねに保障されているかを、不断の努力でチェックしなさい、と言っているのが、この条文です。

この条文は、敗戦で焦土《しょうど》と化した日本で、餓死者《がししゃ》が続出するのを目の当たりにして、国会議員の森戸辰男《もりとたつお》が、ワイマール憲法の生存権の理想がどうしても必要と思い、新憲法をつくるにあたって、政府案にはなかったこの条文を入れることを、強く議員として訴え、実現したものです。GHQ草案にもない、日本人が入れた条文です。

明治憲法にも、当然この規定はありません。家父長制天皇制国家では、個人は家・国家共同体のためにあるので、国がゆきづまれば、個人はいのちを賭《か》けて国のために働く、つくすのが、あたりまえでした。農民が凶作《きょうさく》で食べるものに困れば娘を女工に出したり、遊郭《ゆうかく》に売って、何とか家の生活を守るという家長の努力で、家の存続を確保していたのが実態です。

ですから、家の貧困の救済を国に要求するということは、とても考えられなかったのです。なぜなら、国による臣民への施策《しさく》は、主権をもつ天皇による恩恵《おんけい》によって施《ほどこ》されていたのですから。

しかし、戦後はこのすばらしい条文がありながら、現実はどうでしょうか。近年、貧富の格差が大きくなっています。政治はどこを向いているのでしょうか。

GHQの教育革命の先進性。日本人自身によって後退させられる

第二十六条　すべて国民は、法律の定めるところにより、その能力に応じて、ひとしく教育を

受ける権利を有する。
2　すべて国民は、法律の定めるところにより、その保護する子女に普通教育を受けさせる義務を負う。義務教育は、これを無償とする。

君たちが受けている教育についても、戦争の足あとがついていますよ。それは戦前の教育が軍国主義に色濃く染められていたため、GHQが革命と言ってもいい抜本的な教育改革を行ったことを伝えます。

GHQは、戦前の日本の教育があまりにも天皇崇拝、国家至上主義の、上からの統制で行われていたことを知り、それが戦争を進めた軍国主義を底から支えたことを見抜いて、「軍国主義の一掃」のために、教育革命を行ったのです。

そのことを、戦後に生きる私たちが知ることは大事ですので、竹前栄治《たけまええいじ》さんの『GHQ』（岩波新書）から紹介します。その内容を知ると、驚きですよ。

ほんとに大規模、抜本的です。そして、戦前の教育がどんな姿をしていたのかがわかります。

GHQは敗戦直後、一九四五年の十月から十二月にかけて四大教育改革指令を発します。

一、軍国主義的内容の教科書からの除去。
二、修身《しゅうしん》、国史、教練《きょうれん》の排除。

三、天皇制崇拝の道具とされる御真影《ごしんえい》や奉安殿《ほうあんでん》を撤去《てっきょ》。宮城遙拝《きゅうじょうようはい》、教育勅語《きょういくちょくご》奉読《ほうどく》の禁止。

四、軍国主義的教員や行政官を追放し、思想統制に手を貸した文部省教学局《きょうがくきょく》を解体し、教員養成機関、師範《しはん》学校の民主的改革を行う。

若い君には、この指令の文字自体が古くてわからないでしょうね。調べてみて下さい。日本の教育に対して、GHQがこのような指令を発したことをどう思いますか。

わたしは、これを見て、戦前の教育はほんとに天皇制教育、軍国教育だったのだな、と思います。

GHQは、戦前の日本の教育が、国や企業に奉仕するエリートの養成のみを目的とし、庶民《しょみん》には思想統制や丸暗記主義によって個性の伸長、自発性、独創性、国際性などが犠牲《ぎせい》にされている、と見抜いたのです。

そこでGHQの検閲のもと、新しい教科書づくりが行われたのです。

カリキュラムには、社会科、世界史、外国語が設けられ、知育偏重の丸暗記式学習が排除され、自主的学習ができるように、週五日制（一九九二〜二〇〇二年に実施）、科目選択制が導入されて、クラブ活動、ホームルーム、生徒会活動が重視されたのです。

（わたしはホームルームや生徒会がこのときできたとは知りませんでした。でも、丸暗記重視の教育は、抜本的には変わっていませんね。）

学校制度では、六三三四制を導入して、戦前の複線型《ふくせんがた》、袋小路型《ふくろこうじがた》を是正《ぜせい》して、さらに男女共学、女子教育、職業教育、身体障碍者《しんたいしょうがいしゃ》のための特殊教育が重視され、社会教育の分野では、開かれた大学、PTA、教員組合、生涯教育などを重視したのです。(PTAや教員組合もGHQ指導のおかげとすると、日本人は自身で、どれだけ自己改革をしたのでしょうか。)

教育管理では、戦前の文部省による中央集権的統制に断固反対し、教育行政の地方分権化を要求し、教育委員会による管理方式を実現するため、文部省の執拗《しつよう》な反対をしりぞけ、教育委員会法を制定させ、教育委員の公選制、つまり市民による選挙によって、教育委員を選ぶ制度を実現したのです。学校運営への市民参加です。

これはほんとにすばらしいことですね。

しかし、残念ながら、この教育委員の公選制はGHQが去ったあと、保守政権によって後退させられ、上からの任命制になってしまいました。

まだ市民の主権者意識が育っていなかったのです。上からの教育の習いをくつがえすには、日本人自身の主権者としての意識を変えて、要求していかなければならないのです。

大工の後継者の教育は、戦後もしばらくは徒弟制でした。住み込みで丁稚奉公《でっちぼうこう》し、親方の仕事を盗《ぬす》み見して、自分で覚えろ、と言われていました。大工だけでなく、どの職人の世界でもそのようですね。

学校のように、親方が身振り手振りで、弟子たちに教えるということはなかったです。親方に口答えするな、真似して丸暗記して、自分で覚えろ。それができないやつは辞めろ、という厳しさでした。

しかし、戦後教育が進み、ほとんどの人が高校を出て、職人の世界に入ってくるようになると、昔のやり方では、若者は辞めていくばかりで、職人が少なくなり、教え方に改革が起こったのです。

職業訓練校で建築の教科の授業と実技を受けて、工務店に入ってきて、大工を始める、ということが多くなっています。職人の世界も、近代化が起こっているのです。

庶民は働かなくては食ってはいけない。権利、義務と言う以前。なのにどうして？　働く権利と義務を持つとなったの？

第二十七条　すべて国民は、勤労の権利を有し、義務を負う。

君はいま働いていますか？　それともまだ親のすねかじりかな。

庶民にとって、働くことはあたりまえのなのです。というより働かなくては食っていけない。この仕事は嫌いだから働かない、とは言っていられない。働かなければ、食えなくなるからです。

だから、否応なく働く。権利とか義務とか言う以前のものです。

それが、なぜ、権利とか義務、というむずかしい話になるの？　です。

実は、ここにびっくりがあるのです。国家が登場します。

えーッ、どうして働くことに国家が出てくるの？

庶民は、ふだん働くことと国家を連動して意識することはありません。しかし、会社が倒産して、失業したらどうなるでしょうか。貯金がなければ明日から路頭《ろとう》に迷います。

このような状況にならないために、法律で失業保険の加入や職業安定所や職業訓練所を設置《せっち》することを義務づけているのです。

ここに、知恵を出し、法律をつくり、国に、働く個人に不都合なことが起こらないように役割を与えた意味があるのです。

そして、庶民は働く権利を持った。すなわち、個人が働くことに不都合なことが起きれば、国に対して、「働く権利が侵されている、働く義務を実行できないから、経済政策をしっかりしろ」と主張できることになった、というわけです。

一方、戦前は天皇主権の国家ですから、このような働く者の権利というものはありませんでした。国家に要求すること自体が困難だったのです。労働運動は激しく弾圧され、公務員は天皇の官吏なので、「国家に対し忠実に無定量《むていりょう》（勤務時間の上限を決めずに）の勤務に服するもの」と考えられていたのです。

労基法を知らない経営者と日本の警察の働き方の憲法違反

第二十七条2　賃金、就業時間、休息その他の勤労条件に関する基準は、法律でこれを定める。

君は、働くときの条件に労基法、正確に言うと、労働基準法があることを知っていますか。最初に働くときに、責任者から労働条件を示されますが、それだけではなくて、どの企業でも守らなければならない労働条件に関する取り決めがあるのです。それが労基法（略称）で、憲法二十七条に基づく法律です。この法律をはずれた労働条件で働かせると、労基法違反で労働基準監督署によって、その企業は摘発《てきはつ》されます。現在、残業代を出さないで残業させるサービス残業を強要する企業や、過労死をまねく長時間労働やセクハラ、パワハラ、リストラを平気でしている企業があります。ブラック企業と言われていますね。

これらのケースは、労基法があること自体を知らない経営者が原因ではないかと思ってしまいます。

超一流企業といわれた電通が、二〇一五年に新入社員の高橋まつりさんに過酷《かこく》な長時間労働をさせて、自殺に追いやったことは有名ですね。まつりさんのお母さんは安倍首相と面会して、長時間労働の是正を求めました。「なんとしてもやる」と応じた首相は、その後、「働き方改革」一括法の強行採決で、「高度プロフェッショナル制度」の緩和を行い、労働時間の規制を一切取り払い、かろうじて労働時間の上限規制を設けました。それがなんと厚労省が設定する過労死ライン「月百時間」未満ならOK、を合法化したのです。未満とはついていますが、九十九時間でも未満なのですから、開いた口が塞がりません。「なんとしてもやる」がこれですか。

憲法が一般常識となっていない。学ばれていない現実が示す悪です。

もう一つ事例を紹介します。日本の警察とスウェーデン警察の比較記事を見つけましたので紹介します。とても興味深いものです。

「スウェーデンでは、国家を揺るがす大事件の捜査《そうさ》に当たっている警察官なのに、夕方になれば定時帰宅する。土日も休む。日本ではありえない。この感覚が成熟国家、北欧のあたりまえだとすると、日本が成熟する道のりはやっぱり険《けわ》しい」

「取材経験から言うと、日本の（明良注）警察は帰宅は深夜。未明も普通。もしくは警察署に布団を運び込んで、一カ月、二カ月と寝泊まりする」と記者は述べています。（東京新聞、二〇一六年十二月十八日）

この事例はほんとにびっくりですね。この違いは何なのでしょう。労基法を警察はどう考えているのでしょう。それを規定している憲法のことを、どう考えているのでしょう。あまりにも無視している、知らない、と思わざるを得ません。警察勤務も労働です。過労死しては意味がありません。この憲法無視は、捜査《そうさ》の憲法無視につながっていきます。

憲法の中身を教育でしっかり教えない結果が、この事態を生んでいることは確かです。

大工の目で、スウェーデンと日本の警察の働き方の違いがどこからくるのか、考えます。戦後、日本国憲法の新しい家の下で日本人は働き出していますが、言葉（契約）に対する倫《りん》理観《りかん》が日本人はスウェーデン人と比べ、足りないのです。八時から五時、土日は休み、と労働条件の契約を交わしたら、その契約の言葉を大事にする。「今日は忙しいから残業《ざんぎょう》してくれ。土日も出てくれ」と上司から要望があっても、契約の言葉通りに帰るのが、あたりまえなのです。スウェーデンの警察がそれで検挙率《けんきょりつ》が下がったと問題になったことはないのですから。

戦前の明治憲法下の家父長制の家では、言葉よりも、上下関係の和気あいあいを大事にします。別の言い方でいうと、同調圧力を強くかけてくる社会です。職場のみんなが忙しく働いているのに、定時になったからあたりまえに帰るとは言えません。和を乱すからです。一人だけ勝手に帰るとみんなの士気を下げるからです。一体感が大事なのです。みんなが帰らないので帰れない、と残業がかさみ、過労死が起こるのです。滅私奉公《めっしほうこう》を思い出しますね。言葉を基準にした区切りを大事にする倫理観がないと、歯止めが利かずに、いのちを失うまでとことんやってしまうのです。

全体で戦争に走り出すと同じです。

戦前、児童労働はあたりまえ。十二歳未満の工員は十三万人

> 第二十七条3　児童は、これを酷使《こくし》してはならない。

若い君は「児童は酷使してはならない」とは、どういうこと？　と思うでしょうね。「親の子どもに対する虐待のことですか？」と聞かれそうですね。

この憲法条文は、児童労働のことを指しています。二十七条全体が勤労について規定しているのですからね。

児童労働は、戦前だけでなく戦後でも、高度成長以前の農村では、あたりまえだったのです。その児童が酷使されていたことから、人権を守るために規定したのです。

戦前、家父長制の時代、農村では、児童は農業を営む家業の貴重な労働力だったので、たく

さん産んで、働き手を増やしたのです。とくに女子は、どうせ嫁《よめ》に出すので、教育をほどこすのは無駄《むだ》だということで、働きに出されたのです。

その中心が、女工哀史で有名になった紡績《ぼうせき》工場の女工で、一九〇九（明治四十二）年の工場統計では、十二歳未満の工員が五八〇〇人。そのうちの八割が女子で、とくに機織工《はたおりこう》が多く、一九一七（大正六）年、十五歳未満の織工《おりこう》は、十三万人にのぼり、その労働現場は過酷《かこく》をきわめたのです。栄養状態も悪く、結核患者も多かったそうです。加えて紡績業などの大工場では、職工《しょっこう》取締りや監督と呼ばれる人々による虐待があり、過酷な労働条件に耐えられず、逃亡する者も、後を絶《た》たなかったのです。その逃亡を防ぐために、監禁《かんきん》等の手段もとられました。

また、小規模の作業場や家内工業では、雇《やと》い主《ぬし》本人やその家族による日常的な虐待が報告され、それらはしばしば激しさを増しています。たとえば、機織工女《はたおりこうじょ》に対して、成績不良を理由に、食事を抜きにするなどの行為が記されています。また、虐待により、自殺に追い込まれた事例もあったと調査報告されています。

びっくりを通り越す状況ですね。人権を尊重するという考え方は、近代化が進み、経済的条件が豊かになるにしたがって確立してくるようですね。

近代以前の貧困の中では、食うために、人権無視があたりまえだったのです。

戦後、新憲法のもと、労働運動が盛んになるにつれ、労基法に基づく労働者、個人の要求が経営者に出され、劣悪《れつあく》な労働環境が改善されてきていますが、人権意識が少ない家父長制の習いが中小の企業の中に、戦後も長くつづいているので、働く個人はしっかりと憲法を学び、おかしな働き方には、おかしいと主張する新しい態度をつくっていくことが、大事です。

新憲法は、戦前の家制度の習いにある「私を無にして共同体につくす」という個人の人権を考慮しない態度に、はっきりと、憲法条文の言葉によって、楔《くさび》を打ち込み、新しい生き方に目覚めた個人の人権の主張を支えているのです。

労働組合の結成を占領軍が支援!!

> 第二十八条　勤労者の団結する権利及び団体交渉その他の団体行動をする権利は、これを保障する。

若い君は、この表題をどう思いますか。

占領軍（ＧＨＱ）が労働組合の結成を支援する、と聞いてびっくりしませんか。

軍隊は通常、国家の意思を体現して、国を防衛する活動をします。それがあたりまえです。ところが、占領軍は労働者の組合結成を支援する、という通常の軍隊ではあり得ない活動をしたのです。たとえば、自衛隊が会社の労働者の組合活動を支援する、なんてことを考えられますか⁉　わたしも、それを知ったとき、ほんとに驚きました。（軍隊が労組結成を支援！　まったく考えられない！）

このことはあまり知られていませんね。

GHQは進駐《しんちゅう》早々、民主化を進めるため、「労働組合は民主主義の学校」と呼んで、明治憲法にはなかった労働組合法の制定を急がせ、政府の隠微《いんび》な抵抗を退け、労働省を設置させたのです。そこでは、女性史上で画期的な、婦人局長、婦人課長が生まれたのです。

また労基法や公共職業安定所（職安《しょくあん》）や失業保険を制定させ（へぇー、職安や失業保険をGHQがつくったとは知らなかったなぁ）、GHQのスタッフが工場に出向き、組合結成や争議《そうぎ》の仕方、労働協約の作り方を手ほどきして、生産管理闘争《せいさんかんりとうそう》（労働者が経営者の指揮命令を拒否して、自主的に生産管理する）さえ支持したというのです。

日本人にとって、それほど労働組合や団体交渉は新しい習いだった、ということです。――ただし一九四七年の2・1ゼネスト（労働運動が高まり、官公庁労組《かんこうちょうろうそ》を中心に計画された全国一斉のストライキ）は影響が大きすぎるということで、禁止命令を出します。そのあと、GHQは民主化とは逆コースの政策をとります。朝鮮戦争勃発による反共政策です――

いまでも中小企業の中では、団体交渉がなかなかできません。

新たに労働組合を結成することは大変です。組合さえない企業がたくさんあります。

法律では、どの会社でも組合を作ることは、権利として認められているのですが、会社の経営者が労働組合の結成と聞くと、いい顔はせず、つぶしてしまうのです。

なぜ、そんなことが起きるかといえば、戦前の家父長制の精神では、「権利の主張」という習いがないからです。むしろ親方に盾つく、というマイナスのイメージでとらえられてしまうのです。家内工業では「働かせてもらっている」という恩恵意識《おんけいいしき》が強いので、権利として、雇《やと》い主《ぬし》と給与のアップなどを団体で交渉をするという感覚に、なかなかなれないのです。

でも戦後のいまは、家父長制度はなくなったのです。

個人が主権者であり、個人が国の主人公となった民主主義国家に、制度的になったのです。しっかりと賢《かしこ》く、雇い主と賃金交渉や労働条件改善の交渉をすることが、法律的には保障されているのです。それでも、戦後七十三年経っても、日本人の中に家父長制の意識が、根強く生きていて、組合結成を拒《こば》んでいます。一人ひとりの決意と自覚が必要なのです。

七十二年前の財産権の革命・農地改革

第二十九条　財産権は、これを侵してはならない。
2　財産権の内容は、公共の福祉に適合するように、法律でこれを定める。
3　私有財産は、正当な補償《ほしょう》の下に、これを公共のために用いることができる。

私有財産を侵してはならない、ということは、子どもでも知っていますね。「人のものを盗んだらダメだよ」と、わたしも小さい頃、言われた覚えがあります。君も言われた覚えがありませんか?

私有財産制度は、資本主義経済の基礎です。その財産の最も大事なものの一つは土地です。「長年使ったわが家の建物評価の価値がゼロでも、土地だけは価値がある」といまもよく言われています。土地の境界をめぐっては一センチたりとも譲《ゆず》らない、と激しく争われ、ときに裁判沙汰にもなったりしています。

それだけに、この財産権は盤石《ばんじゃく》で、長い間、変わらないと思うのは当然ですね。ところが、この財産権が大規模に変わったことがあるのですよ。

わずか七十二年前の一九四六年に、この財産権、とくに土地の所有をめぐって、大革命が起こったのです。

国が総数二二三七万人の地主から、一九三万町歩の農地を安く買って、四七五万人の小作人に安く売ったのです。むろん、地主は反対しましたが、抗《あらが》えなかったのです。

このような厖大《ぼうだい》な人の、厖大な財産の移動。私有財産が侵されるとは――驚きです。

(そんなことがあり得るのか!?　です。)

当時の憲法、明治憲法にも「日本臣民はその所有権を侵さるることなし」(原文カナ)とあるのですから。革命でもなければ、起こり得ないのです。

（そう、革命が起こったのです。）

この革命は、ＧＨＱによって行われました。

戦前の日本では、まだ資本主義経済が十分浸透《しんとう》していません。労働者は農民が主力で、地主制の中、土地を持たない小作人は高額の小作料や借金の負担で農奴《のうど》状態に置かれていました。

軍国主義の増大の背景には、この貧富の差があると見たＧＨＱは、農地改革を行って、日本の経済を民主化するとして、地主の強い抵抗と不十分な帝国議会案をしりぞけて、農地改革を断行《だんこう》したというわけです。

その内容は、不在地主の農地と不耕作地主の農地の買い上げと、大地主の土地を制限しての小作人への売却《ばいきゃく》です。

しかもその結果、当時の急激なインフレと相まって、農民（元小作人）が支払う土地代金と元地主に支払われる買上金は、その価値が大幅に下落し、実質的にタダ同然で譲渡《じょうと》されたに等しかったそうです。

最終的には、小作地の約八〇％が解放され、農地の九割強が自作農になったのです。

この厖大な人数の農民の解放！　ほんとうに驚きです。

財産権の富者から貧者への移動。まさに革命でなければ起こり得ないことが起こったのです。

勝者のＧＨＱでなければ、敗戦という事態を受けてでなければ、できないことです。

小作人は「マッカサ様（当時の言い方）のおかげ」と感謝し、彼を神様のように崇めたのです。マッカーサーは、農地革命を「健全にして穏健な民主主義の基礎」であり、「極端な思想の圧力に対する確固たる防壁」と自賛しました。

保守政権は内心、革命に大反対です。なぜなら敗戦まで地主層の支持で政権を得ていたからです。しかし皮肉にも、戦後日本の保守政権が永続した基盤も、まさにこの農地革命によってできたのです。農民の多くが小作人でしたが、その小作人が農地革命で土地を持ち、自営農となり、戦後は自民党政府の農業政策の恩恵（補助金政策等）を受けたからです。その結果、長い間、自民党の支持基盤が農村部にあったのです。

しかし農地革命は、農民が主体的に勝ち取ったものではなく、上から降りてきて農民に与えられた結果であり、農民の意識・家父長制の意識を変えることはなかったのです。

欧米には納税義務はない。あるのは権利実現のための納税だけ

> 第三十条　国民は、法律の定めるところにより、納税の義務を負う。

若い君たちには、税金についてはあまりピンときませんね。

会社に入って、給料明細書《きゅうりょうめいさいしょ》を見て、税金が取られているということで、はじめて実感すると思います。自分が納めているというより、すでに天引《てんび》きされている、いやおうなく会社に引かれているという事態に出会うのです。

会社が君に代わって収めている、という変な関係なのです。収める必要があるのなら、自分でちゃんと収めたいですよね。

こんな不幸な出会いから始まる税金は、あまり納めたくはありませんね。なにせ、国は無駄遣いが多くて、国民のためにしっかりやってくれているという実感がないので、積極的に納めようという気になれないのです。しかも大金持ちは、脱税に近いタックス・ヘイブン（租税《そぜい》回避地《かいひち》）を利用して、税逃れをやっています。それがパナマ文書の漏《ろう》えいで明らかになりましたね。政府は大金持ちから、たくさん税金を取ってほしいと思います。自民党政権は累進課税《るいしんかぜい》率をどんどん下げて、高額所得者に有利な税制を敷いているありさまなのですから。

この三十条の条文は、GHQ草案にはありません。憲法改正論議の最後で、議員から明治憲法にある「納税の義務がないのはおかしい、入れろ」ということで入ったものです。

したがって明治憲法と同じ。その分、日本人の感覚が反映して義務規定だけになっています。

一方、フランスやアメリカでは納税の義務はない。憲法にも書いていない、と知ったとき、私は驚き、ホントですか、とおもわず言いたくなりました。

人権宣言（フランス）、権利の章典（イギリス、アメリカ）のように、権利規定のみで、義務規定はないそうです。

これに対して明治憲法には「権利と義務」として、「義務」が入っている。そして、新憲法もそうです。日本人が入れたものです。押しつけ憲法どころではないですね。

日本の権力者は「義務」を入れたがります。人権意識の先進国、イギリス、フランス、アメリカでは権利を規定しますが、義務は書きません。

その真意《しんい》は、こうだそうです。封建領主《ほうけんりょうしゅ》から、主権を奪って獲得した自分たちは、権利を主張して、権力者と国家を制限するが、国家・権力者のために、自分たちが何々しなければならないという義務は書かない、ということです。

なるほど、憲法は立憲主義。自分たちの権利に基づいて、国を規制するわけです。ところが、日本人は、国のためになる「国民の義務」を入れたわけです。あべこべになっているのです。

さかのぼれば戦国時代から敗戦まで、国を運営する支配層・権力者は、国のために国民が税金を納める義務を課《か》して、自分たちが国を治めやすいようにしているのです。

敗戦があっても、日本人の古い意識・家父長制の意識が、納税の義務を入れさせたのです。

欧米は、権利を持つ者として、自分たちの権利を実現するために、税は進んで納める。義務として納めるのではなく、権利を実現するために納める、という態度です。そして、自分の権利の実現のために、積極的に税金を納めている以上、しっかり監視する姿勢が生まれる、という具合です。一方、日本のように、最初に入った会社の給料で、すでに税金が自分の給料から抜き取られていると、積極的に納税する気になりませんね。(この制度やめにしたいですね。ただし、そうなると納付率が落ちますから、税金の教育を事前にしっかりとしなければなりませんね。)

また税金が、国に納める義務となると、国にいろいろ個人のためになることをやってもらうのだから、その費用は高くても、いやいやでも、納めるしかあるまい、と消極的で受け身の姿勢になります。国が先にあるか、個人が先にあるかで、同じ納税のことでも、態度が違ってくるのです。

敗戦革命によってできた新憲法下の納税は、主権在民下での納税です。

個人が先にある納税で、自分たちの権利を実現するための納税であって、明治憲法下の、天皇の大権下の国のために納める、という態度とは根本的に違うのです。その意味で、憲法三十条は深読みする必要があるのです。

警察も暴走して悪をする場合があるので、法律で縛《しば》っている

第三十一条　何人も、法律の定める手続きによらなければ、その生命若《も》しくは自由を奪われ、又はその他の刑罰を科《か》せられない。

若い君は、警察のやっかいになったことがありますか。

若気のいたりで暴力事件を起こして、警察の世話になったという話は聞きます。おじさんのような生活者にとって、逮捕されて、警察に連れていかれるということは、縁遠い話です。ただし、それが悪いことをしたのなら仕方がないな、と思っています。どこかよそ事の感覚です。なにせ自分が警察のやっかいになるなど、思ってもみないのですから。

誰でも法律の定める手続きによらなければ、刑罰を受けない、と言っても、いまいちピンときません。悪いことをしたなら逮捕される。それはあたりまえでしょ。いちいち法律を出さなくても、と思ってしまいます。なぜ、このように憲法に書くのでしょうか。

実はこの条文は、権力者は権力をつかって横暴なことをすることがある。だから、そうならないために、法律の手続きによってしか、市民を拘束《こうそく》してはいけませんよ、と権力者（その具体化である警察）を規制しているのです。

「へぇー、びっくりですね。権力者が、警察が悪いことをするとは。ホントですか？ ウソでしょ？」そう思ってしまいますよね、日本人は。とくに庶民は。昔からお上は悪いことをしない、と思っていますから。

そのいい例が水戸黄門です。

悪いやつを懲《こ》らしめるため、助さん格さんと全国をまわり、悪代官《あくだいかん》をやっつけるという痛快物語です。ご存じの通り黄門様は、徳川御三家のご隠居《いんきょ》。お上中のお上の一人です。（遠山の金さんも、町奉行《まちぶぎょう》のお偉いさんですね。）

もっとも最上のお上は天皇です。誰も天皇が悪いことをするなど、日本人は思ってもいません。足尾鉱毒問題《あしおこうどくもんだい》で、田中正造《たなかしょうぞう》は国会で訴えてもらちが明かないので、天皇に直訴《じきそ》したくらいですから。

でも、王も人間です。ヨーロッパでは王が悪政を行ったので、市民が怒って立ち上がり、市民革命を起こして、王の動きを縛るものとして憲法をつくって、権力者を規制した歴史を持っています。これが立憲主義のはじまりです。

明治憲法にも、同様な規定はありますが、不十分です。行政命令（行政官僚が決める）で、罰則を定めることが認められていて、そのため、戦前は不当な逮捕や処罰、理由のない拘束など、非常に多くの人権侵害が行われていたのです。

そのために、この憲法の条文をしっかり頭に叩き込んでおく必要があります。

国家権力は油断すると、相手を見て、その腕力を使いたがります。

（大工の目から見た話は、刑事被告人の規定が終わる四十条で一括します。）

弁護士なしでも裁判ができます

第三十二条　何人も、裁判所において裁判を受ける権利を奪われない。

若い君たちは、裁判所を見たこと、行ったことがありますか。

おじさんも含め、庶民、生活者にとって、裁判は遠いもの、縁のないものでしたね。日本人は極力、争いごとを嫌います。和が大事だからです。ですから、弁護士も検察官も遠い存在。近寄りがたい存在。一生裁判に縁のない生活を送る人がほとんどでした。

ところが近年、経済成長に応じて個人主義があたりまえになり、個人と個人の主張がぶつかり合うことが多く、裁判で争うことが増えました。離婚裁判や相続権裁判、子の親権を争う裁判などです。裁判が起こせるといっても「弁護士費用が高いからなぁ」と思っていませんか。

わたしもそう思っていました。ところが調べてみると、そうでもないことがわかりました。

お金のない人向けに、無料の法律相談があり、裁判を起こす際には、費用立て替え制度があり、生活保護を受けている人には、建て替え費用免除もあります。

ですから、裁判を起こすことは、そんなに困難なことではないのです。

実はもうひとつ、とっておきの話があります。

弁護士がいなくても、不当を訴えて裁判ができる、ということです。

（えーッ、ほんとですか！　弁護士を立てなくても裁判ができるなんて！　ウソでしょ。）

うそではありませんよ。裁判は必ずしも弁護士を立てなくてはならない、ということではないのです。本人訴訟といいます。

いま安保法制が通ったことに怒って、憲法違反だと二人の方が、本人訴訟をしています。

また、藤沢市の清郷伸人《きよさとのぶひと》さんは、相談した医療問題専門の弁護団がむずかしいという健保の混合診療問題で、一人で半年をかけて訴状をつくり、裁判を起こして、地裁で勝利し、高裁、最高裁で敗れたものの、制度の運用改善を求める個別意見を引き出しました。そして、二〇一六年四月から、混合診療の対象を拡大する「患者申し出療養制度」がはじまることになったのです。

すごいですね。専門家である弁護士が逃げたのに、おかしいことはおかしいと立ち向かった勇気に脱帽《だつぼう》です。

また札幌市の杉尾正明さんは、二十年分の議事録《ぎじろく》を読んで、市がいかに恣意的《しいてき》に弱者から強制徴収《きょうせいちょうしゅう》しているかを明らかにして、市が国民健康保険料率を条例に明記せずに徴収したのは、憲法違反だと旭川地裁に提訴し、「憲法八十四条に違反」の憲法違反の判決を導いたのです。

その後、高裁で負けますが、最高裁の大法廷を開かせ、請求そのものは退けられましたが「八十四条は直接適用されないが、同条の趣旨は及ぶ」と、初の憲法判断を導いたのです。

一人でも、決意してやればここまでできる、ということです。

日本国憲法の主権者は国民。一人ひとりの私が主権者です。したがって、裁判を起こすことも、個人でできるのです。不当な権利の侵害があった場合、泣き寝入りするのではなく、裁判に訴えることができる自由を保障しているのです。

泣き寝入りはやめましょう。勇気をもって、おかしい！　と言いましょう。そして、決意したら裁判を起こしましょう。

令状がなければ、けっして警察について行かない

第三十三条　何人も、現行犯として逮捕される場合を除いては、権限を有する司法官憲《しほうかんけん》が発し、且《か》つ理由となっている犯罪を明示する令状によらなければ、逮捕されない。

君たちはサスペンスドラマや刑事ドラマを見ることがありますか。

最近のテレビドラマでは、令状を示して、家宅捜査《かたくそうさ》をする場面がよく出てきます。あるいは「令状見せてください、なければお帰りください」と捜査官《そうさかん》を追い返す場面もあります。それだけ、令状なしには逮捕や家宅捜査ができない、ということが一般常識になりつつあるということです。

若い君たちはこのことを知っていましたか？

でも、どうですか。突然、身に覚えがないのに、警官が「ちょっと警察まで来てくれません

か」と言われたとき、「どういうことですか」と聞くことはできても、「令状を見せてください」ときっぱり言えますか。令状がない場合は「お断りします」と言えますか。

少しビビりますよね。日本人はお上に弱いので、いまでも逆らうことに抵抗があるのです。でも、自分のからだと精神には、自らの自由があるのです。いくら警察といえども、その自由を拘束《こうそく》するには、それなりの理由がなければならないのです。

安易について行って、そのまま警察の取り調べ室で何時間も調べられ、「身に覚えがないので帰してください」と言っても、まだ調べが終わっていないと拘置所《こうちしょ》に入れられ、何日も尋問《じんもん》され、自白を強要され、ついには早く楽になりたいとの思いからやってもないことを、やりました、とウソの自白をしてしまい、冤罪《えんざい》に陥《おとしい》れられてしまうというケースがよくあります。

明治憲法では、身柄拘束《みがらこうそく》の手続はすべて、法律によっていたのですが、不当逮捕があまりにも多かったため、その反省を含め新憲法では、身体の拘束拒否を法律によっても侵害されない憲法上の人権保障にまで高めたのです。しかし、それにもかかわらず現在でも、戦前の習いを引きずって、令状なしに引っ張り、拘束しながら、自白を強要して逮捕状を取るというやり方が、しばしば行なわれています。憲法違反のやり方です。

このような警察権力の姿勢に対して、主権在民の立場から、しっかり抗議して、不当な行為が行われないような体制をつくる必要があります。

取り調べの全面可視化（取り調べ中もビデオ録画をずっとすること）は、そのための重要なひとつの方法です。一部ではだめですよ。全面可視化です。そうでないと、権力者は都合のいいところだけを公開して、印象操作するからです。また、取り調べに弁護士の立ち合いを制度的に保障する動きも出てきました。

逮捕されたら、弁護人を必ず要求すること

第三十四条　何人も、理由を直《ただ》ちに告げられ、且《か》つ、直ちに弁護人に依頼する権利を与えられなければ、抑留《よくりゆう》又は拘禁《こうきん》されない。又、何人も、正当な理由がなければ、拘禁されず、要求があれば、その理由は、直ちに本人及びその弁護人の出席する公開の法廷で示されなければならない。

若い君たちにも、そしておじさんたち庶民にとっても、むずかしい言葉が出てきましたね。抑留《よくりゆう》と拘禁《こうきん》です。

調べてみると、抑留は逮捕につづく、比較的短期の身柄拘束のこと。拘禁はより継続的な長期の身体拘束のことだそうです。

逮捕されたとき、その理由を告げられ、直《ただ》ちに弁護人を依頼する権利がある。それが行われ

なければ、拘禁されない、という権利は、裁判に馴染《なじ》みのない日本人には、びっくりですね。最長で二十三日間、拘束される容疑者段階の供述《きょうじゅつ》は、裁判の行方を左右する重要な証拠《しょうこ》となるので、この権利の行使は大切です。

起訴されて、被告人になった場合は、国選弁護人を頼めるのですが、起訴以前、逮捕されてすぐの容疑者段階の弁護士依頼は、お金のない人はどうするのか。そこで、法改正が行われて、二〇〇六年から公的弁護制度（被疑者国選）が開始され、新設された日本司法支援センター（法テラス）が助けることになったそうです。

しかし現実は、憲法条文とかなり離れ、警察・検察は逮捕した者を、ひたすら自白ないし供述を求める密室における取り調べを、捜査の中心に置いています。逮捕された本人が弁護士を呼べ、と要求してようやく弁護士がつくというありさまで、しかも、日時や接見《せっけん》時間が短く制限され、日弁連《にちべんれん》（日本弁護士連合会）が抗議声明を出す、という状況です。

世界の趨勢《すうせい》は、弁護士の接見はもとより、警察の取り調べに弁護士がついて、冤罪《えんざい》防止や被疑者の人権保護を保障しているのです。国連からは「（日本では）弁護人に取り調べの立会がない。そのような制度だと真実でないことを真実にして、公的記録に残るのではないか。弁護人の立ち会いが（取り調べに）干渉するというのは説得力がない。（中略）これは中世の名残りだ。こういった制度から離れていくべきである。日本の刑事手続を国際水準に合わせる必要がある」と指摘されています。

日本の警察は考え方が古いですね。新憲法の基本的人権保障をいまも理解していないのですね。取り調べの可視化さえ、制限しているのです。

令状なければ家宅捜査はできない。断りましょう。お上に盾つくことが怖かったのは戦前のこと。私たちが主権者です

第三十五条　何人も、その住居、書類及び所持品について、侵入、捜索及び押収《おうしゅう》を受けることのない権利は、第三十三条の場合を除いては、正当な理由に基いて発せられ、且つ捜索する場所及び押収する物を明示する令状がなければ、侵されない。

2　捜索又は押収は、権限を有する司法官憲が発する各別の令状により、これを行う。

若い君たちにとって、突然警察がやってきて「部屋を調べさせてください」と玄関で話しかけてきたら、どうします。おじさんでも、びっくりですね。自分の身に覚えがなくても、同居する身内の誰かが、外で事件を起こせば、その可能性はいつでもあります。

その場合、あわてふためかないことです。この憲法条文を思い出して、令状をよく読んで、押収物を確認することです。それ以外であれば断り、安心して生活する権利が侵されないようにすることです。戦前を描いた映画では、どかどかと警察が家に踏み込んできて、やにわに家の中を捜索する場面が、しばしばあります。

明治憲法でも一応、許諾《きょだく》なくして住居に侵入し、捜査されることはない、とあるのですが、冒頭に「日本臣民は法律に定められた場合を除くほか」とあるのです。つまり、緊急に対処する法律が新たにできてしまえば、その法律によって、家宅捜査等、何でもできてしまうのです。

事実、治安維持法の成立の下、捜索はやりたい放題になってしまいました。

その意味で新憲法は明治憲法とは違い、憲法レベルで人権を保障しているので、法律による抜け道ができないようになっています。捜索・押収は、裁判官の発する令状が必要になり、場所と品物の明示が必要となります。具体的指定のない一般令状では、人権の侵害が起こりやすいため、禁止しているのです。その令状には、正当な理由がなければなりません。条文にある三十三条は現行犯の場合です。しかし現在でも警察権力は、憲法の言葉を厳格に守らず、人権侵害をしばしば起こし、冤罪事件を生んでいるので、主権者である私たちは憲法の示す言葉を武器にしっかり監視し、不当な場合は抗議することです。

拷問《ごうもん》を「絶対」という表現まで加えて、徹底的に禁止する

第三十六条　公務員による拷問《ごうもん》及び残虐な刑罰は、絶対にこれを禁ずる。

若い君たちもそうでしょうが、おじさんのような庶民にとっても、この条文が何を指すのか、すぐにはピンときませんね。解説書を読んで、はじめてこの公務員が警察・検察を指し、拷問が肉体を苦しめて白状させることで、残虐な刑罰が、むち打ちの刑や水責め刑など、よく時代劇に出てくる残酷な刑を指すとわかりました。新憲法の条文の中で唯一、「絶対」という言葉を使って、禁止していることを知ると「へぇー、どうして？」と思いますね。実は、この背景には、日本の刑罰の歴史があるのです。時代劇でよく見るように、近代以前は処罰するためには自白が必要とされていたこともあって、拷問が広く行われていて、法的にも許されていたのです。明治初期まではそうでした。

明治十五年施行の旧刑法で拷問は禁止されたのですが、事実上、警察・検察による拷問は後を絶たなかったのです。敗戦までは「たとえ十人の無罪の者を有罪としても、一人の罪ある者を逃すな」という考え（「実体的真実主義」というそうです）に基づいた刑事手続がなされていた（飯島滋《いいじましげ》明《あき》名古屋学院大学教授）そうです。自白を得るための拷問など、当然となっていた、というのです。

（えーッ、ほんとですか！　これはひどい。「十人の無罪の者を有罪としても、一人の罪ある者を逃すな」とは。人権意識のひとかけらもない状況ですね。）

有名なのは、小説『蟹工船《かにこうせん》』の作家小林多喜二《こばやしたきじ》で、逮捕された日の夕方に、拷問で殺されています。多喜二の遺体は「指や前歯が折られ、蹴《け》り上げられた睾丸《こうがん》や陰茎《いんけい》は、通常の三倍にも膨れ上がり、こめかみや二の腕には、焼《や》け火箸《ひばし》を突き刺した跡があり、太腿《ふともも》には錐《きり》か千枚通《せんまいどお》しで刺されたような穴が一五、六ヵ所も残っている」という状態だったといいます。

自白は〝証拠の王〟とも言われていました。自白を得るために、「公務員（警察・検察）による拷問」は、むしろ当然だったのです。GHQはこのような刑事手続きが、戦前の民主勢力の衰退《すいたい》を招き、戦争への道を加速させたことを知って、「絶対」という言葉を入れて、人権侵害を禁止したのです。

最近、オウム死刑囚十三人の執行を受けて、死刑制度が問題となっています。死刑は「残虐な刑罰」の最たるものです。絶対禁止なはずです。日本とアメリカ（州によって違う）が死刑を廃止しない数少ない先進国です。死刑制度はなくしたいですね。

刑事被告人の権利の革命。すべての証人を審問《しんもん》する権利を有する

第三十七条　すべて刑事事件においては、被告人は、公平な裁判所の迅速《じんそく》な公開裁判を受ける

権利を有する。

2 刑事被告人は、すべての証人に対して審問《しんもん》する機会を充分に与えられ、又、公費で自己のために強制的手続により証人を求める権利を有する。

3 刑事被告人は、いかなる場合にも、資格を有する弁護人を依頼することができる。被告人が自らこれを依頼することができないときは、国でこれを附《ふ》する。

この条文をしっかり読みましたか。とくに第2項を見てください。ほんとにびっくり！このような条文が憲法にあったのかと、私はうなりました。いままでたくさんの刑事ドラマを見てきましたが、このような権利を行使する被告人は見たことがありません。多くの被告人は、検察官と弁護士のやり取りの間で小さくなっているだけです。それだけ、この憲法の中身が知らされていない。教育されていないということです。

無実で逮捕された人がこの条文を知っていれば必死になって証人を審問《しんもん》し、それでも足りなければ、あらたな証人を公費で強制的に呼び寄せることができます。それが冤罪《えんざい》を防ぐのです。いま獄《ごく》にいる冤罪《えんざい》の人は、この条文を知ったら悔《くや》しがるでしょう。

憲法では「こんな細かいことまで書くの」と思うほど、被告人の人権を細かく規定しています。その理由は、戦前の警察が天皇の官吏として、被告人を虫けらのように扱って、拷問による自白の強要などで人権侵害を大々的に行い、民主勢力を拘束して軍国主義を増大させたからです。GHQは民主化を徹底させるために、その歴史を踏まえ、最も人権侵害を起こした国家警察が二度と過ちを犯さないように、具体的に細かく最高法規たる憲法に規定して、どのような法律（下位法）ができようとも、人権侵害が起こらないようにしたのです。

そして、日本側もそれを認めたのです。堂々と審問する被告人の権利を保障するこの条文は、新憲法が人権の革命をもたらした証です。

黙っていないで真実を話したら……黙秘権《もくひけん》が認められているのはなぜ？

第三十八条　何人も、自己に不利益な供述を強要されない。

若い君は、この条文を見てどう思いますか。なぜだろう、と首をかしげませんか。

なぜなら、警察が真相を究明しようとしているときに、逮捕された人が黙っていたのでは真実がなかなか明らかになりません。とんでもないヤツ、ふてぶてしいヤツだ、と思いませんか。

たしかに、これは黙秘権のことを言うのですが、真実を追求するなら、ウソを言うのではなく、真実を話さなければならない、と思うからです。自分に不利であっても黙っていないで、事実を話さなければ、真実は明らかにならない、と思うのですが、これが認められているとは、どういうことでしょうか？　そこで、なぜ黙秘権が保障されるのか、を考えてみます。

それは人間の内面に、国家権力が入り込んで、強制的に調べることが許されないからです。自分の知っていることを話すかどうかは本人が決めることであり、強制されるものではありません。ただ、こう思う人はいませんか。まったく黙っていたのでは話が進まない。自分に不利にならないことを話す義務ぐらい負わせても、よさそうに思うのだが、と。

しかし、もし不利なことしか黙っていることはできないとしてしまうと、黙っているのは自分に不利だから、つまり犯人だからだと推測されてしまいます。そこで、不利なことも有利なことも、一切黙っていることができる、としたのです。

なるほどと思います。でも真犯人でないのなら、きちんと話して真実を明らかにしていいのでは、とも思います。しかし、これではうまく弁解できない人が有罪になってしまいます。つまり「疑わしきは罰する」ことになってしまうのです。「罪を犯したかもしれない人」をすべて処罰することで、社会の治安は維持できるかもしれませんが、それでは無実の人が処罰されることになってしまいます。つまり社会の治安のために、無実の個人が犠牲《ぎせい》になるのです。

これは許されることではありません。憲法が一番大切にしている「個人の尊重」に反します。憲法は、社会や国のために、個人が犠牲になることを認めません。あくまでも個人のために、国があるのであって、けっして国のために個人があるわけではないのです。

そこで、犯人かどうか疑わしいときには、無罪とすることになっています。これを「無罪の推定」と言います。君たちも、たとえばアリバイを証明できなければ有罪とされてしまうとしたらどうでしょう。昨日の夜二時のアリバイを証明してくれる人はいますか。いくら自分の部屋で寝ていたと言っても、家の人がみんな寝てしまっていて、それを証明できないとしたらどうでしょうか。それで有罪とされたらたまりません。

黙秘権を個人の人権として保障し、有罪の証明は国の側にさせることによって、警察や裁判所という国家権力によるあやまちを最小限にくい止めようとしているのがこの条文です。

【第三十八条深掘り】黙秘権の違和感「上位者はいい者。下の者には悪いようにはしない」と日本人は思っている

前節で、黙秘権についての、違和感を考えてきました。なぜこのような違和感を、日本人は感じるのでしょうか。それは、日本人の感性が影響しています。日本人は長い間、家制度・家父長制の集団の上下関係の中で生きてきました。その中の、下の者が抱く感性は、お上は悪いことをしない者、私たち下々《しもじも》にいいことをしてくれる。あるいは少なくとも、悪いようにはしない、と思っているのです。たとえば、大岡越前《おおおかえちぜん》の裁きがそうです。あるいは水戸黄門の裁きです。下々によくしてくれているのです。だから、拍手喝采なのです。

上下関係の中で生活している場合、下の者が上の者を裁くということはあり得ません。裁く

のなら、上の者が下の者を裁く以外、ないのです。

ドラマによく出てくる上の者でも、悪代官という場合は、代官よりもさらに上の者が裁く、ということです。このように、日本人にとっては、基本的に上の者はいい者なのです。お上はいい者、国家権力の一部である警察も、いい者となっているのです。

ですから、警察はちょっと怖いけど、犯人を見つけるために、国の公務員として、いい人が調べてくれるのだから、真実を明らかにするために、包み隠さず話すことが大事なはず。事件を一刻も早く解決するために必要なはず。だから、黙秘権なんておかしい、という感覚になるのです。しかし、もうこのへんで、上下関係に頼るのは止めましょう。上の者は頼りになるいい者だ、という幻想を捨てましょう。

私たち・わたしが主権者なのです。私たちは、警察をふくめ、公務員を選び、辞めさせることができる潜在的力を持っているのです。ですから、権力者、警察が、戦前、どんな恐ろしいことをしたか、戦後も禁止された憲法違反の自白の強要を行い、そのために何人の無実の人が冤罪《えんざい》に泣かされたかの事実を知って、権力を持つ人をしっかり監視する態度を身につけましょう。権力者は持っている権力を利用して、悪をする誘惑《ゆうわく》に陥りやすいのです。

「私」が主権者であることを自覚して、学び、考え、主権在民を生き抜きましょう。

いまでもある。自白だけに頼る憲法違反の起訴と判決

第三十八条2　強制、拷問若《も》しくは脅迫による自白又は不当に長く抑留《よくりゅう》若《も》しくは拘禁《こうきん》された後の自白は、これを証拠とすることができない。
3　何人も、自己に不利益な唯一の証拠が本人の自白である場合には、有罪とされ、又は刑罰を科せられない。

若い君たちは、表題を、ホントかな、と思っていませんか。検察が起訴し、裁判所が判決を下しているのですから、それがどうして憲法違反なのか？　ですよね。

実は、検察も裁判所も間違いを犯すことがあるのです。

ポイントは、自白だけに頼る捜査、です。この条文にあるような自白は、憲法違反なのです。

おじさんもこの条文を読んで、ほんとうにびっくりしました。

なぜなら、いまも物的証拠がなく、自白だけに頼った警察調書と検察調書によって、裁判が行われ、検察が殺人罪で無期懲役《むきちょうえき》を求刑し、裁判員裁判で判決が無期懲役になってしまった人が出たのです。でも、このことが憲法違反だ、と大々的に報道されていないのです。

二〇〇五年に起きた今市女子殺人事件の勝又拓哉《かつまたたくや》（当時二十三歳）さんです。本人は「私は

やってません。無罪です」といまも主張しています。二〇一六年四月に、宇都宮地裁で無期懲役の判決を受けたときの新聞記事はこう述べています。

「事件から十年以上経ち、凶器や被害者の遺留品《いりゅうひん》などの直接的な物的証拠がないなかで、裁判員らはむずかしい判断を迫られた。法廷では、取り調べの様子を録画した映像を七時間以上にわたって再生。逮捕後に殺害を認めた自白が信用できるかが争われた。判決は、自白について『想像に基くものとしては特異ともいえる内容が含まれている。体験した者でなければ語ることのできない具体的で迫真性に富んだ内容だ』と指摘。女児の発見時の体勢や死亡推定時刻などを検討した結果、『殺害状況などの根幹部分は客観的事実と矛盾せず、信用できる』と結論づけた」と。

でも、おかしくはありませんか。憲法のこの条文は言ってるじゃないですか。「自己に不利益な唯一の証拠が本人の自白である場合には有罪とされない、刑罰を科せられない」と。物的証拠が何一つなく、自白だけに頼ることでは、有罪にできない、と。

この条文からいったら、自白だけに頼った起訴は、門前払いのはずです。

物的証拠を揃えなければ、受け付けない、と。なにせ、憲法違反なのですから、当然です。それなのに有罪にした根拠は、法廷で再生された録音録画での心証でしかない。裁判官と裁判員が物証がないことを認めたうえで、録画映像を頼りに、男性の法廷での態度まで問題にして、想像、推定で犯人としている。しかも、この録画の公開は一部でしかない。

別件逮捕されてから、五カ月間の長期拘留をして取った自白調書前提の裁判です。

第2項の「強制、拷問若しくは脅迫による自白又は不当に長く抑留若しくは拘禁された後の自白は、これを証拠とすることができない。」にも該当《がいとう》します。ここでも憲法違反をしているのです。大いに問題となる起訴と裁判が行われたのです。

【第三十八条2深掘り】冤罪による死刑囚や死刑執行がなぜ後を絶たないのか

若い君たちは、裁判所の裁判官や検察庁の検事は、偉い人なので間違いを起こすような人たちではない、と決めつけてはいませんか。

残念ながら、新憲法施行後も、しばしば物的証拠が出ないと、自白を引き出すために長期拘留をつづけ、毎日、十何時間も取り調べをつづけて、強引に自白させるという憲法違反の取り調べが後を絶たず、冤罪《えんざい》事件が後を絶たないのです。

その最たるものが、冤罪死刑囚です。

死刑囚で、長期の獄中生活後、再審無罪を勝ちとった人は、つぎの方です。

免《めん》田《だ》栄《さかえ》さん（獄中、三十一年七カ月）
赤堀《あかほり》正《まさ》夫《お》さん（獄中、三十五年）
谷口《たにぐち》繁義《しげよし》さん（獄中、三十四年）

斎藤幸夫《さいとうゆきお》さん（獄中、二十八年七カ月）

この四人の方が、無実でありながら、いつ死刑が執行されるのかの恐怖におびえながら、長期間、獄中生活を強いられたのです。直近の袴田巌《はかまだいわお》さんは、拘置から四十八年後に無罪の可能性が出て、釈放されたのです。ということは、死刑囚で、無罪を訴え続けているのに、死刑を執行《しっこう》されてしまった人もいるのではないか、という当然の疑問が湧きます。

実はあります。無実を訴え、再審請求しているのに死刑が突然、執行された人が。

飯塚事件の久間三千年《くまみちとし》さん（二〇〇八年十月、獄中十四年、死刑執行）

福岡事件の西武雄《にしたけお》さん（一九七五年六月、獄中二十八年、死刑執行）

藤本事件の藤本松夫《ふじもとまつお》さん（一九六二年九月、獄中十年、死刑執行）です。

いずれも、そのあと親族や支援者が再審請求を試みています。

当然このことで、死刑制度のあり方が問題になります。死刑がなければ、冤罪になった人が、国家によって、殺されることはありませんね。どんな人間も、過《あやま》ちを犯すのですから、死刑制度は廃止すべきです。最高刑を終身刑にすれば、冤罪に陥《おとしい》れられた人は、生きて無罪を訴えつづけられるのですから。

過《あやま》ちを犯す可能性がある人間に、人を合法的に殺す権利は、認めてはならないのです。それに死刑そのものは、前に言ったように、「残虐な刑罰」の最たるものにあたり、この条文違反、憲法違反にもなりますね。

さらに、無期懲役刑で、冤罪無罪になった菅谷利和《すがやとしかず》さん（獄中、十七年半）。桜井昌司《さくらいしょうじ》さん（獄中、二十九年）杉山卓男《すぎやまたかお》さん（獄中、二十九年）がいます。

この他、長期刑や短期刑の冤罪被害者は、たくさんいると判断されます。

有名なのは、厚生労働省の村木厚子《むらきあつこ》さんの冤罪です。検察が偽造をして、罪に陥れようとしたもので――この権力のたくらみも恐ろしい――、このことをきっかけに、取り調べの全面可視化の検討がはじまったのですが、もっと早く、長期獄中の冤罪者が無罪とされたときに、検討するのが本当です。

権力者はほんとにやるときは、悪いことをする

> 第三十九条　何人も、実行の時に適法であった行為又は既に無罪とされた行為については、刑事上の責任を問われない。又、同一の犯罪について、重ねて刑事上の責任を問われない。

若い君たちには、この表題はきつ過ぎますかね。前条でも、裁判官や検察官の誤りを指摘しましたからね。

「権力者はほんとに悪いことをするのですか？　うそじゃないですか。偉い人が悪いことを

するとは思えません。もしそうだったら、そんな悪者に権力を与えてはいけないのではないですか」

と言われそうですね。しかし、権力者はほんとに本気になったら、どんな悪いことでもします。はじめから悪い人ではありません。権力を持つとその力の誘惑に負けて、悪をしばしばするのです。

それは戦前の日本の歴史が明らかにしたことです。戦前は、治安維持法の制定で「予防拘禁《よぼうこうきん》」が認められ、刑期を満了した者でも、改悛《かいしゅん》の情がない思想犯は、再び同じ犯罪を犯すだろう、ということだけで、拘禁されつづけていたのです。

（エーッ、それはおかしいじゃないですか。刑期をちゃんと終えたのですから、釈放されてあたりまえですよね。ひどいですね。そんなことがあったとは、驚きです。）

前に話しましたが、ＧＨＱは、このような著しい人権侵害が二度と起こらないように、最高法規の憲法に、くわしく刑事手続き上の人権保障を規定し、日本政府、議会も承認したのです。

この条文の前と後ろで、二つの行為が禁止されています。いずれも権力の濫用《らんよう》を憲法で縛るものです。まず前段の条文は、実行したときに、それを犯罪として処罰する法律がなかったにもかかわらず、後から法律ができて罰せられたらたまらない。それでは自由に行動することができない、ということです。

たとえば、ある人物を陥《おとしい》れるために、その行為のあとに、新たな法律をつくることはダメです。一度無罪としたある人物を陥れるために、その事件を、別の法律で罰することはダメです、という規定です。こんなことを権力はできるのですね。法律をつくることができる権力の悪を規制しているのです。（遡及処罰《そきゅうしょばつ》の禁止・事後法の禁止とも言うそうです。）つまり、犯罪と刑罰は、あらかじめ法律で定めておかなければならない、ということです。

「法律なければ犯罪なし、法律なければ刑罰なし」と言われるように、個人の自由を保障するためには、ある行為を犯罪とし、かつそれにいかなる刑罰を科すかは、あらかじめ法律に規定されていなければならないという近代刑法の原則だそうです。それを専門用語で罪刑法定主義というそうです。

また、後段では、無罪が確定したのちに、また同じ事件で再び裁判をして、有罪としてはならない、という権力の暴走を禁じています。「一事不再理《いちじふさいり》の原則」というそうです。ただし、一事不再理だからといっても、有罪になった個人が無罪を主張して、再審裁判をすることは認められています。この条文は、権力の濫用《らんよう》を防ぐためだからです。無罪になった個人が有罪にしてくれ、と裁判を起こすことはありません。無罪の個人を有罪にしてやれ、というのは、権力のたくらみでよくあることなので禁止されたのです。

本条後段の、ある行為を有罪とした判決に「新たに同一事件で、別な判決を下し、罪を重ねてはいけない（二重処罰の禁止）」とあるのも、権力の濫用を防ぐためです。

歴史的に国家権力は、政治的反対者を捕らえたり、処罰したりして、支配体制を固めるために、権力を濫用したのです。そこで、イギリスのマグナ＝カルタ以来、権力行使を、法で規制する「法の支配」が主張され、人身の自由が守られるようになったのです。

イギリスのコモン＝ローから生まれた次のような法格言は、フランス人権宣言やアメリカ合衆国憲法修正条項にも取り入れられたそうです。

「何人も有罪を宣言されるまでは無罪と推定される。疑わしきは罰せず」（「推定無罪の原則」と言う。）

新憲法でも、前記の原則は受け継がれ、法定手続を保障するとともに、戦前の反省から、外国に例をみないほどくわしく刑事手続き上の人権保障が定められたのです。

しかし、現実の司法、検察、警察の対応は、いまも逮捕された段階で犯罪者扱いを強いて、冤罪事件を起こして、無実の人をおとしめているのです。権力者は悪をする。しっかりと私たちはチェックし、一人ひとりが声を上げ、憲法違反を正していかなくてはならないのです。

お金では代えられない人生を奪われて、補償金を受ける

第四十条　何人も、抑留《よくりゅう》又は拘禁《こうきん》された後、無罪の裁判を受けたときは、法律の定めるところにより、国にその補償《ほしょう》を求めることができる。

冤罪事件で無理やり逮捕され、牢獄《ろうごく》に入って、苦しみを受けた人は、無罪であることがわかった時点で、当然その損害の補償《ほしょう》を国家に請求できます。冤罪はいまもしばしば起こっています。必要のない人権制限、拘束を受けて、人生が狂ったのですから、その精神的、経済的損害を国家に補償をしてもらう権利が当然あるのです。でもおかしいのです。ここでは補償となっていますが、無実の人が公務員の不法行為によって、死刑を宣告され、殺される恐怖を受けるのですから、当然憲法一七条の国家賠償を請求できるのでは、と思うのです。

ではいくらくらいもらえるのか。調べてみました。実際にもらえるのは拘束期間に対してだけです。刑事補償法で定められている補償額は、一日最大で一万二五〇〇円です。最低は一〇〇〇円です。最高額の一日一万二五〇〇円なら、月収にして三八万円前後になります。そんなにもらえていいな、といいますか。

たしかにいまのサラリーマンの平均月収よりいいですね。この一万二五〇〇円は、最高額です。つまり最高刑に該当《がいとう》する冤罪の場合の相当補償額です。つまり死刑囚になって、いつお呼びが来るか、死の恐怖の中での長期間の牢獄です。死刑囚となれば、冤罪が晴れるのは、何十年もかかります。人生の大事な時期を奪われての恐怖の中の牢獄生活です。それでも一日一万二五〇〇円はいいなと思いますか。お金では代えられないもの、普通の人生そのものを奪われるのです。

冤罪死刑囚の免田栄さんの場合、死刑確定判決から三十一年七カ月の拘禁日数一万二五五九日に対して、九〇七一万二八〇〇円の補償金が支払われたといいます。明治憲法は、司法は天皇の大権であり、天皇が神の存在である以上、冤罪事件は起こり得ないとされていました。したがって、冤罪による国家補償も、また国家賠償も成り立ちません。一九三一年にできた刑事補償法でも、臣民《しんみん》は恩恵的に施されるという程度のものです。

憲法第十七条のところで触れましたが、この四十条も国会審議の中で、議員側から出され、追加され、GHQも承認して、憲法となったのです。

敗戦により、GHQの軍国主義の一掃と民主化政策を受けての新憲法草案審議の中で、新しく当選してきた議員たちが、あまりにも戦前戦中の冤罪が多かったことを反省した結果の成果です。審議の中で「いまも千五百人が冤罪で拘束されている」と議員が訴えているありさまが記されています。

……………………………………

ここで、大工の目から一言入れます。

戦前の明治憲法の家が三一〇万人と二千万人の死者を出して崩壊したあと、新しい日本の家を再建するにあたって、その設計図にここまで必要なの？　と思うほどのものを入れたのは、GHQです。日本の国会議員は同意をしていますが、新たに日本人が入れたものはありません。

その理由はなんでしょう。

戦前・戦中の警察権力がいかに酷《ひど》いか。人権無視をして、民主主義を担う人々を牢獄に入れて軍国主義に道を開いたか、明治憲法はその点、抜け穴だらけだったのをGHQはよく知っていたからです。しかも新しい憲法の家では、警察権力が主に捜査対象にするのは国の主権者である国民ということです。戦前であれば天皇に相当する人（主権者）を、犯人かもしれないと捜査するわけです。ですから、GHQは戦前の習いがなかなか抜けないであろう警察・検察権力のために、微に入り細に入り、最高法規の憲法に人権保障を入れたのです。あとから法律をつくってごまかそうとしても、最高法規の憲法に書いてあるので、それはできませんよ、と言っているのです。戦前の憲法は「細かいことはあとで法律で定める」と言って、どんどん憲法に書いてあることとは違う法律を通して、憲法違反をするということがよくあったのです。

だから憲法三十一条から四十条まで、刑事被告人の人権保障に関わる条文で、ほんとにここまで憲法に書くの、と思うほど細かく規定されています。

でも、現在も冤罪事件が後を絶たないことを見ても、主権者を捜査するという姿勢が少しもない、その姿勢は戦前と変わっていないのでは、と思ってしまいますね。

第四章　国会

大工と生活者の目線で見ると、いままでが戦後の新しい家・日本国憲法下の家の「あり方」の基本方針を書いたものです。すべて主権者である個人にとって、重要なものばかりなので、全条文を見てきました。

ここからが日本国憲法下の新しい家の「運営」についての取扱い説明書です。すべてでなく、とくに大事な条文を拾って見ていきましょう。

国会が国の最高機関？　それだけの倫理性がありますか？

第四十一条　国会は、国権の最高機関であって、国の唯一の立法機関である。

この条文をよく読んでみてください。君はどう思いますか。

わたしは「えっ、国会は国の最高機関なの？」と、驚きました。

なぜなら、国会の議論でのやじの応酬《おうしゅう》や、重要法案を決めるときに起きる乱闘を見ていると、あきれかえって、失望するばかり。その品位のなさ、献金などのカネの飛び交う倫理観のなさ。それが「国権の最高機関である」とあらためて知って、驚いた、というわけです。

しかし、よく考えると、なぜ国会が国の最高機関なのか、という理由はわかります。

主権在民から来ているからですね。国の主権者である私たちが選んだ代表が出ているのが国会だからです。国の権力は、立法権、行政権、司法権に分かれています。いわゆる三権分立で、権力の一極集中を防いでいるわけです。

その中で、主権者である私たちの代表が出ているのが国会で、その国会の議員によって、行政のトップである内閣総理大臣を選び、その総理が各行政府の長である大臣を選ぶ。また、司法権の長である最高裁判所の長官、検察庁の長官を選ぶという構造になっているので、権力者を選ぶ源泉になっている主権者の私たちが選んだ国会議員が構成する国会が、最高機関になっている、というわけです。

国の権力者は法律に基づいて行動するのが近代国家ですから、権力者を縛る法律をつくるのは、最高機関の国会しかできない、となっているわけです。

しかし、その最高機関が最低の品位しか保てないのでは、憲法が泣くというわけです。

明治憲法では主権が天皇にあるため、立法は天皇の大権に属しているので、国会は国の最高機関ではなく、天皇の協賛機関でしかなかったのです。

戦後は、主権在民下での最高機関になったのですから、私たちの私たちによる私たちのためのの国家権力の行使を、見事に国会は体現してほしいし、そのためのチェックを、私たちはしっかりとしていきたいものです。


大工の目線で言うと、この章の国会は、新しい家の約束（法律）を、どのように決めていくかの説明書となります。大工がつくる家も建て主の希望を入れて、設計図に基づいて、三、四カ月から一、二年の長い年月をかけてつくります。出来上がると、建て主に引き渡されて、住んでいくわけですが、その家も家族構成の変化に応じてどんどん変わっていきます。子どもが巣立っていなくなれば、子ども部屋は、お父さんの趣味の部屋に増改築されたりします。

一方、国家の家は、高い理想を掲げていますので、なかなか完成とまではいきませんね。いまも建築中ということです。法律（約束）をつくるとは、そのためのものです。しかし、自民党政権は、理想を放棄し、てっとり早く戦争のできる国にしたい、と言っています。軍備を堂々と持ちたいという欲望にまみれた人たちなのでしょうか。

世界一九一の国・地域の内、九割が十八歳選挙を行っている

第四十四条　両議院の議員及びその選挙人の資格は、法律でこれを定める。但《ただ》し、人種、信条、性別、社会的身分、門地、教育、財産又は収入によって差別してはならない。

二〇一六年六月十九日の参議院選挙ではじめて、満十八歳以上の選挙権が認められましたね。これで選挙民が二四〇万人増えました。

若い君たちも、十八歳で選挙権を持つということです。

「今の若者は未熟だから選挙権を与えて大丈夫か」とか、「政治に無関心な若者が多いので、政治を考えるいいチャンスになる」といろいろ話題になっています。

世界を見渡すと、一九一の国・地域の内、九割近くが選挙権を持つのは、満十八歳以上です。驚きましたね。そんなに多くの国が、選挙権年齢を十八歳にしていたとは。日本はその点、とても遅れていたわけです。

日本人は政治に参加する意識がとても低い、と指摘したのは、戦前の姿を見たGHQでした。それで、女性の参政権導入をはじめとした戦後革命を行ったのですが、日本人の政治に対する積極性は、大きく変わっていないですね。二〇一七年の衆院選の投票率は五三・七％。十八歳

以上の選挙権が導入された二回目の十九歳は三二%。十八歳は五〇・七%です。まだまだですね。もっと積極的に政治に参加する姿勢が生まれることを望みます。

この憲法条文で、法律で定めるという要注意文がありますが、但し書きがついています。人種、信条、性別、社会的身分、門地、教育、財産又は収入によって、議員の資格と選挙する人の資格を差別してはならない、と。この但し書きは、戦前の選挙が、財産による差別や性別による差別で行われた歴史を踏まえています。

納税要件が撤廃《てっぱい》されて男子だけの普通選挙が実施されたのが、一九二五(大正十四)年です。このときはまだ女性は選挙権を持たず、差別されたままです。

男女平等になったのは、GHQによる戦後改革で、一九四六(昭和二十一)年四月十日に戦後初の衆議院選挙で、はじめて女性は参政権を行使できました。その結果、日本初の女性議員三十九名が誕生したのです。

大工の目線で言うと、選挙権を持つということは、家づくりの内容を決める発言権を持つということです。そして、選ばれた議員は、国の家づくりの細かい図面をつくる人ですね。

では、私のような大工に代わる人はと言うと、図面に基づいて具体的に実行する行政マンが大工の位置になりますね。

一票の格差六倍。これは憲法違反。でも選挙成立のふしぎ

> 第四十七条　選挙区、投票の方法その他両議院の議員の選挙に関する事項は、法律でこれを定める。

一人一票の、票の重さがいつも問題になっています。選挙のたびに、今回の選挙も憲法違反だ、と弁護士グループが訴訟を起こしています。若い君たちも、このことに注意を払っていてくださいね。自分が投票する一票が一票の価値がない、憲法違反だと言われているのです。

それはどういうことでしょうか。

一票の価値とは、議員一人あたりの当選に必要な有権者数について、最も少ない選挙区を基準とし、最も多い選挙区はその何倍かという形で示されます。一票の価値が異なることで、法の下の平等を定めた憲法に違反するかが、裁判で争われています。

一票の格差の不平等を訴えて、最初に裁判を起こしたのは一九六二年です。最高裁で初めての違憲判決が出たのは、一九七二年の衆院選挙です。このときの最大格差は、四・九九倍です。参院選での最高裁の違憲判決が、初めて出たのは一九九六年です。

このときが、六・五九倍です。

まさか六倍にもなったことがあるとは、びっくりですね。大変な差です。

違憲とは、憲法違反ですので、選挙は不成立。やり直し選挙が行われて当然です。

ところがまた驚きです。違憲でも、選挙は成立している、と最高裁は言ったのです。

憲法の番人と言われている最高裁なのにどうしたことか？　です。

では、どんな理屈を言っているのか、注目してみましょう。

二〇一二年の衆院選での、一票の格差が、最大二・四三倍だったことに対しても選挙の成立を認めました。その最高裁判決の理由が、「選挙区割りは、憲法が求める一票の価値の平等に反する状態だったが、合理的な期間の内に格差是正が行われなかったとは言えない」と、選挙無効の訴えを退《しりぞ》けたのです。

何か奥歯にものが挟《はさ》まったような言い方ですね。

前回の選挙で違憲とされた後、今回の選挙前に、区割りの一部見直しをした法律が成立し、努力が認められるので、無効とまでは言えない、という理由です。

でも、これって、やはりおかしいですよね。このときだって、二倍以上の格差なのですから、一人一票の重さを考えて、選挙やり直しが妥当です。

司法は、政治家に甘く見られています。

「一部手直しさえすれば、違憲判決が出ても、選挙は無効としないだろう」と。

最高裁は、三権分立の原則を曲げずに「違憲である以上、選挙は無効、再選挙をせよ」と判決を出すことが必要です。

そうすれば、政治家はあわてふためき、二度と小手先の是正《ぜせい》はやらないでしょう。再選挙という無駄な税金を使い、国政の審議《しんぎ》を遅らせた、と有権者からきついお叱《しか》りが出るのが怖いからです。

日本の国会議員の給与は世界最高水準

> 第四十九条　両議院の議員は、法律の定めるところにより、国庫から相当額の歳費《さいひ》を受ける。

国会議員になると「かなりのお金をもらえるようだね」というのは巷《ちまた》のうわさです。

君は政治家がどのくらいの給与があればいいのか、と思いますか?

いまの政治家がどのくらいもらっているかを調べました。やはり高額ですよ。(二〇一〇年の法律で決まっているもの。)

まず、給与が月約一三〇万円。年間で約一五六〇万円です。いいですね。ボーナスが、年間約六三五万円。これもすごいですね。それだけではありません。文書通信交通滞在費《ぶんしょつうしんこうつうたいざいひ》が、月一〇〇万円で年間一二〇〇万円。合計で年間三四〇〇万円が全員に支払われています。(驚き！）

その他にも、立法事務費が一人当たり月額六五万円。年額七八〇万円が支給されています。（ただしこれは各会派に支給されています。）その他、ＪＲの無料パス（グリーン車乗り放題）、格安の議員宿舎の提供。給与の出る秘書を三名まで雇うこともできます。

これらすべてが、税金で支払われているのです。

これを諸外国と比べてみます。アメリカ約一五七〇万円。イギリス約九七〇万円。ドイツ約一一三〇万円。カナダ約一二六〇万円。韓国約八〇〇万円となっています。

日本の年間一五六〇万円は、世界最高水準です。

戦前の政治家は、議員になると、家屋敷を売り払い、最後には、井戸と塀しか残らなかった、という有名な話があります。現在では、議員になると豪邸が立つと言われてもおかしくない状況ですね。ただし、この場合は熱心に議員活動をしない場合です。熱心に議員活動をするとお金が足りないともいいます。

この金額は、議員が経済的にひっ迫しないように、職務に専念できるようにと、決められているといいます。その額に見合うような仕事をしてもらっているのなら文句はないのですが、残念ながら、当選するまでは選挙民に頭を下げ、握手をし、いい顔をして、当選すると、顔はどこを向いているのか、何の仕事しているのか、さっぱりわからない状況となり、政治家が国民から信頼されなくなる、というのが現状です。

政治家と市民がもっとつながり、市民の思いが政治家に伝えられ、政策に生かされるようにならなければなりませんね。

大工の給与は安いですよ。日給月給といって、出た日、一日いくらで出勤数をかけます。地域、立場で違いますが、わたしは工務店勤務で、いいときで一万二千円。安いときで、九千円です。もっとも棟梁となると別です。しかし、会社の社長と比べると安いのでは……。

まさか総理大臣が憲法違反を？　考えられない！　明白な本条文の憲法違反。臨時国会を開かない

第五十三条　内閣は、国会の臨時会の召集を決定することができる。いずれかの議院の総議員の四分の一以上の要求があれば、内閣は、その召集を決定しなければならない。

君たちは、総理大臣がまさか憲法違反を行うなどとは、思ってもみないでしょうね。なにしろ議員が法律違反をしたら、責任をとらされて、議員辞職をする姿はよく映像で見ますからね。それがただの法律違反ではなく、最高法といわれる憲法違反ですから、もししてい

たとしたら、とんでもないことをしているわけですね。しかも、それをしているのが、内閣の最高責任者である総理大臣がした、というのですから大変です。

どういうことかというと、まさしく、この憲法条文に違反したのです。

よーく、条文を見てください。「いずれかの議院の総議員の四分の一以上の要求があれば、内閣は、その召集を決定しなければならない」とありますね。

二〇一五年十月に野党各党は、一致して臨時国会の召集を要求したのです。民主、共産、社民、生活の党の政党と無所属クラブの議員です。要求した議員総数は、衆議院は一二五名。参議院は八四名です。この数は、どちらも四分の一以上です。

衆議院の総議員数は四七五人。四分の一は一一九人です。一二五人は六名超えています。参議院の議員総数は二四二人。四分の一は六一人ですから、二三人も超えています。したがって、憲法上、当然、内閣は国会召集を決定しなければならないのです。

ところが、驚きました。内閣は無視したのです。その理由が、総理の外遊《がいゆう》日程がつまっているからです。なんという理由でしょう。外遊日程と憲法と、どちらが大事でしょう。

憲法違反をしても、外遊を選んだのです。通常、秋には臨時国会を開催するのが慣例になっていました。当然、外遊はそのへんを避けて組むのが常識です。まして二〇一五年は、十月七日には内閣改造があり、九人もの新閣僚が誕生しています（返り咲きを含むと十人）。それだけに新閣僚らがどのような政策や所信を持っているのかを国会で明らかにするのは当然のことです。

議員立法もあれば、国政の他の重要課題も山積《さんせき》していました。大筋合意したＴＰＰなどはその典型例です。

これらの課題があるにもかかわらず「野党の追及にさらされるから国会を開会しない」という姿勢です。ところが、もっと驚くべきことは、この明白な憲法違反が、大きな政局にならずに済んでしまったことです。与党だけでなく、野党も、そしてマスコミも、この事態をスルーしてしまったのです。あきれ返ります。

それだけ憲法の大事さが、日本人の中に根づいていないのですね。

憲法違反がどんな権利の侵害になるのかを、皆がわかるような憲法尊重の習いを身に着けるまで、憲法をみんなで学ばなければなりません。まず第一に、中・高生に学校で教えてもらいたい。そして市民の間でも、学びましょう。

大工で言うと、憲法違反とは、設計図に基づく作業で手抜き工事をしたということです。建て主としては許せることではありません。もし、そのことで欠陥《けっかん》住宅をつかまされたとなれば大ごとです。構造的に問題がないから、柱一本抜いてしまえ、となったら、どうでしょう。

建て主として、主権者として、許せますか。

国会議員一人誕生させるには一億二五〇〇万円かかる

第五十四条　衆議院が解散されたときは、解散の日から四十日以内に、衆議院議員の総選挙を行い、その選挙の日から三十日以内に、国会を召集しなければならない。

若い君たちは、十八歳以上の選挙権を持って、はじめての衆院解散による選挙を経験しましたね。衆議院の解散は四年の満期を待つまでもなく、任期途中でしばしば行われますが、いったい選挙にどのくらいの費用がかかっているのか、知っていますか。

わたしも調べるまでは知りませんでした。一票の行使を無駄にしないためにも、それを知っておくことは意味がありますね。あてずっぽうで億単位の費用がかかるだろうとは、思っていましたが、調べてみると、六〇〇億円かかっているのだそうです。

（予想外の多さ！　驚きですね）

その大金は、税金から出ているわけですが、どのように使われているのでしょう。

第四五回衆議院選挙（二〇〇九年）にかかった費用は、総額で六〇二億円だそうです。

その内訳は、選挙カーのレンタル代一六万三〇〇〇円（期間中のみ）、燃料費四万一〇〇〇円、車の看板費用一八万八〇〇〇円、運転手の人件費一四万四八〇〇円。さらに、選挙事務所の看板代一五万四〇〇〇円。ビラ（七万枚）四三万九〇〇〇円。はがき（印刷費だけ）二六万二〇〇〇円。ポスター代九〇万円。これらは国会議員立候補者一人あたり平均で、もとは税金です。他にも、政見放送も税金です。上記の費用は「選挙公費」と言います。選挙公費は、すべて合わせると約一七二億円かかりました。

さらに選挙には投票活動にもお金がかかります。選挙執行《しっこう》に使われた税金約四一九億円です。内訳は、投票用紙（一枚六円×一億三九四万九〇〇〇枚）で約六億二〇〇〇万円。投票箱一つ二万八〇〇〇円〜四万三〇〇〇円。投票所の立会人一人、特別手当一万〜二万円。他にも、投票を呼びかけるための啓発費用として使われた税金、約一一億円。

これらをすべて合わせて、約六〇二億円です。

国会議員一人誕生させるには、一億二五〇〇万円かかっているそうです。大変な金額ですね。今の国会議員の質であれば、さっさと議員定数の削減と給与削減をしてもらいたい、と思ってしまいますね。

四年に一回の総選挙は、大所帯の運営で、失敗や不正が起こりやすいと見越しての資格審査を定期的に課しているということで、十分意味がありますね。

議事は多数決だが少数意見の尊重がカギ。ところが議長は警察を議会に導入できる

第五十六条2　両議院の議事は、この憲法に特別の定《さだめ》のある場合を除いては、出席議員の過半数でこれを決し、可否同数のときは、議長の決するところによる。

若い君たちはアメリカ映画で『十二人の怒れる男』を見たことがありますか。昔の映画ですが、名画です。物語はこう進みます。

陪審員《ばいしんいん》十二人のうち十一人が被告の有罪を主張する中、主人公がただ一人、無罪を主張します。これが多数決であったなら、十一人が有罪を主張した時点で終わりですが、制度として、全員が一致しないと決しないということで、議論が積み重ねられた結果、形勢が逆転して、ついに全員無罪の判断をするという物語です。安易に、多数決で同意してはいけない。少数意見を大事に。議論を尽くすことが大切、ということです。

民主主義による議決は多数決による。これが一般的ですが、より重要なのは少数意見を尊重することです。それは映画の話だろ、というのでしたら、これはどうでしょう。

イラク戦争は、イラクが持っていないのに、大量破壊兵器を持っている、とアメリカが仕掛

けた大義のない戦争でした。開戦の際、下院で武力行使に反対したのは、バーバラ・リー議員ただ一人でした。のちに、リーの判断は正しかったことが実証されたのです。

多数決は急げば、ときに暴力となるのです。採決が同数のとき、議長が採決するというのは、なにも議長が偉いからではありません。国会の議長は三権の長ですから、天皇から勲章《くんしょう》をのちにもらいます。だから偉いという人もいますが、採決に、偉い偉くないは関係ありません。議長は中立を保つため、通常、議決に参加しません。同数になった場合のみ、議長がどちらかに票を入れることによって、多数決が決まるわけです。ただし、このように票が割れる場合は、議長採決を使わず、急がず、十分な審議《しんぎ》が必要です。

それなのに国会の現実は、乱闘がしばしば起こります。警官も導入されることがあります。

（えーッ、警察が、ですか。びっくり！）

国会は国民を代表する最高機関なのですから、意見の違いから、激しく論争し合っても、警察権力を導入して、秩序を回復するなんて、恥ずかしいことです。議長は衛視及び警察官を指揮して、議院内部の警察権を行使することが認められていても、行使せず、十分議論をつづける場を確保してほしいと思います。

第五章　内閣

内閣が束ねる厖大《ぼうだい》な官僚組織《そしき》・五七万六〇〇〇人の国家公務員

第六十五条　行政権は、内閣に属する。

若い君たちは、内閣が束ねる行政組織がどれだけ大きいか、知ってびっくりしますよ。いわゆる官僚、国家公務員の人数です。それがこの条文の表題です。五七万六〇〇〇人です。こんなにたくさんいるんだぁ、ですね。現代の福祉国家においては、国民の生活に密着した行政活動が必要になっています。その全体を統括《とうかつ》するのが内閣です。内閣が束ねる行政がどれだけ大きいか、見てみましょう。（データは平成三〇年、政府予算案等によっている。）

内閣総理大臣・内閣府の長。本庁二三二四人。官房《かんぼう》一〇九八人。法制局七七人。総務大臣・総務省四七七五人。法務大臣・法務省五二〇〇人。外務大臣・外務省五九〇〇人。財務大臣・財務省七万一〇〇〇人。文部科学大臣・文部科学省二一一五人。厚生労働大臣・厚生労働省三万一〇〇〇人。農林水産大臣・農林水産省二万一〇〇〇人。経済産業大臣・経済産業省七九〇〇人。国土交通大臣・国土交通省五万八〇〇〇人。環境大臣・環境省二九五三人。防衛大臣・防衛省二万一〇〇〇人。自衛官二四万七〇〇〇人。復興大臣・復興庁一九一人。国家公安委員会委員長・国家公安委員会八三三五人。金融庁八四〇〇人。消費者庁一〇〇四人。公正取引委員会八四〇人。裁判所二万五七〇〇人。会計検査院一二四六人。人事院六二六人。

以上、国家公務員総数は五七万六〇〇〇人です。総理大臣をはじめとして、裁判官、自衛官などの特別職は二九万九〇〇〇人、一般職は三四万一〇〇〇人という膨大な組織になっています。内閣は、これだけの組織を束ね、政治的リーダー性を発揮しなければならない、という使命を負っているのです。

…………

大工の目で見てみます。家づくりと国家づくりは似ていますよ。

家づくりを束ねているのは、大工の棟梁《とうりょう》です。家は大工だけでつくれるものではありません。基礎屋、左官屋《さかんや》、電気屋、内装屋、建具屋《たてぐや》、造園屋等々、たくさんの職人の働きで作られます。これらを束ねているのが棟梁です。国づくりでいうと、棟梁に当たる人が、内閣総理大臣です。その下に外務省、財務省、文科省等々の大臣がついて、その人に各省の役人がついています。腕のいい職人とのつながりを持っているのが、いい棟梁です。内閣総理大臣も優れた能力を持った議員を各省の大臣に抜擢《ばってき》し、御《ぎょ》することができるかで、いい総理かどうかが決まります。

具体的に家づくりをするのは、職人集団ですが、どのような家をつくるのかは、家の主人公になる依頼主です。棟梁は依頼主の要望、意見を十分聞いて、設計屋に家の図面を書いてもらって、その図面に基づいて、各職人に指示して、家づくりを進めるわけです。

これは国家づくりにも当てはまります。国家づくりを具体的に進めるのは、職人集団ならぬ役人集団ですが、どのような国づくりにするのかは、国家の主人公である主権者・国民の意見に基づきます。総理大臣は国民の意見を十分聞いて、大臣に指示し、役人に図面を書かせ、国づくりを実行するわけです。このとき、国民の意見を聞く場が国会です。地域の人たちの声を聴いて、当選してきた議員が、国民の声の代弁者として、発言し、議論し、決定するのです。

私たち主権者は、家づくりの建て主と同じで、国づくりの主人公であることを十分自覚して、いい国づくりをするために、注文をしっかり出していくことが大事なのです。おざなりにすると、あとで住みにくい家になってしまったと、気づいたのでは遅すぎます。

憲法九条の変更で入った「大臣は文民でなければならない」

第六十六条2　内閣総理大臣その他の国務大臣は、文民《ぶんみん》でなければならない。

若い君たちは、「大臣は文民（つまり軍人ではない）でなければならない」ということの条文が何を意味するか、すぐにはピンとこないかもしれませんね。

この「文民条項」と言われているものは、戦争と深くかかわっているのです。ポイントは自衛隊（軍隊）の最高指揮官は軍人ではなく、シビリアン・市民から選ばれた一般人・政治家が指揮しなければならないというシビリアンコントロールを定めています。これは戦前の、戦争になだれ込んだ苦い体験を踏まえた条文です。

戦前戦中を通して、歴代二十九人の首相のうち、十四人が職業軍人出身です。

これ、びっくり！　ですね。大臣ではなく、国のトップの首相の半分が、職業軍人出身とは！

これを見ると、いわば戦前・戦中は、軍事国家に近いわけですね。その結果が、日清《にっしん》、日露《にちろ》、日中《にっちゅう》、「大東亜戦争《だいとうあせんそう》」と戦争続きで、最後は三一〇万人と二千万人の厖大《ぼうだい》な死者を出すという悲惨《ひさん》にたどり着くことになったのです。

その反省を踏《ふ》まえての、首相、大臣は文民でなければならない、ということです。

この条文がここに入った経緯は、憲法制定時の最終局面での、九条の変更と密接にからんでいる、というのです。いったい、どういうことでしょうか。

最初は憲法第九条で、戦力不保持を宣言した以上、軍隊がないのですから、文民条項を入れる必要がありませんでした。ところが、衆議院憲法改正小委員会の芦田均《あしだひとし》委員長の提案で、

第九条二項の冒頭に「前項の目的を達するため」という文言が書き加えられたことによって、連合国の極東委員会《きょくとういいんかい》は、将来の日本の再軍備を予感して、首相・大臣の文民条項を追加するように、強力に要求してきたのです。その結果、この条文が成立した、というわけです。

現在、自衛隊は世界の第八位の防衛費を使う兵力二四万人の強大な軍隊となっています。安保法制の成立で、米軍の支援のために、世界のどこにでも出かけていく軍隊となりました。その意味で、極東委員会が予感したことがあたったのです。この文民条項が戦争への歯止めの一つになっているわけです。

解散時期について首相はウソを言っていい。でも、この七条解散はおかしい。正規の解散だけに！

> 第六十九条　内閣は、衆議院で不信任の決議案を可決し、又は信任の決議案を否決したときは、十日以内に衆議院が解散されない限り、総辞職をしなければならない。

いつ衆議院を解散するか。このことを決める首相は、この解散時期については、ウソを言ってもいい、とされています。

エーッ、びっくり！　主権者である国民の代表である議員中の議員、国の最高機関の国会で選ばれた首相が、どうして解散の時期についてはウソを言っていいとされているのでしょう？　おかしいですよね。

衆議院議員の任期は四年ですが、本条文にあるように、首相に不信任決議案が提出され、それが可決された場合は、内閣が総辞職するか、解散するかの二通りがあります。

解散が行われたときは、選挙は、当然、可決から十日以内ですから、解散日は首相がウソをつく、ということはありません。

では、どのような解散のときに、ウソをついてもいい、とされているのか、です。

最も信頼されなければいけない総理大臣が、しかもすべての衆議院議員の首を切って、六〇〇億もかかる選挙を経て再選されるまでは無職になる、その間は政治空白が生まれる、という政治的な大事件の時期を、ウソを言っていい、とは、です。

そんなことがあり得るの？　あり得ない、とするのがあたりまえではないの、とわたしは思うのですが、あるのです。

それが、七条解散です。憲法七条の天皇の国事行為の三項を利用して、総理大臣が解散日を、自分の胸先三寸《むなさきさんずん》で決めて衆議院を解散してしまうことです。

この憲法七条の規定はあくまで天皇について述べていることです。

天皇は、内閣の助言と承認により、国民のために、前述の国事に関する行為を行う、と。そして、この条文は、内閣が解散について、天皇に助言する、と言っているだけです。総理大臣がひとりで勝手に進言していい、とは言っていません。

一九四八年の吉田茂内閣の解散時、GHQは、六十九条解散以外は認められないとの立場で、与野党が話し合い、内閣不信任を可決した上で解散したのですが、日本が独立後の一九五二年に、吉田首相ははじめて「抜き打ち解散」を行ったのです。

ワンマン総理といわれる吉田首相が、強引にやった解散です。おかしいはずなのですが、後の自民党総理は、そのワンマン総理のやり方を踏襲《とうしゅう》して、ついには七条解散を慣例化してしまったのです。おかしな慣例ですので、マスコミは慣例をただ追うだけでなく、どんどん批判してほしいと思います。

二〇一七年までで、内閣不信任を理由に解散したのは、計四回だけです。

圧倒的に一九回が、だまし討ち、抜き打ち解散、七条解散と言われているものです。

国民も、野党も、そして与党までも、不意打ちで右往左往する現状はよくありません。

先進国の流れは、内閣不信任の解散だけにしぼり、首相の解散権を縛《しば》るようになってきています。しっかりと任期いっぱい、選挙の公約を果たすべき仕事を、いつ解散するかわからないという不安の中ではなく、安定した中で仕事をしてもらいたいものです。

第六章　司法

戦前は司法の独立がない。裁判官と検察官が同じ高さの席についた

第七十六条　すべて司法権は、最高裁判所及び法律の定めるところにより設置する下級裁判所に属する。
2　特別裁判所は、これを設置することができない。行政機関は、終審《しゅうしん》として裁判を行うことができない。
3　すべて裁判官は、その良心に従い独立してその職権を行い、この憲法及び法律にのみ拘束される。

君たちは、この表題の「戦前は司法の独立がない。裁判官と検察官が同じ高さの席につい

た」とは、どういうこと？　でしょうね。

わたしもこれをはじめて聞いたとき、とてもヘンだね戦前は、と思いました。

戦前について話す前に、まずこの条文の3項を見てください。

裁判官はその良心に従い独立して職務を行い、この憲法と法のみ拘束されると宣言していま す。つまり、司法権の独立をうたっています。三権分立を、ここで具体的に規定しているので す。このことは、いまはあたりまえですが、戦前はそうではなかった、というのです。

明治憲法においては、建前上は、三権分立の原則がうたわれていますが、実際には、独立が 制度上保障されていなかったそうです。

検察官も裁判官も、司法省の役人であり、両者は共同して、事件解決にあたることとされて いて、裁判官は第三者的立場ではないのです。

（エーッ、じゃあ、裁きはどうなっちゃうの？）

裁判官は、検察官の主張や証拠を、予《あらかじ》め検討した上で裁判に臨《のぞ》み、その後で、弁護人の言い 分を聞くという構造になっていたというのです。

（えーっ、それはおかしい。問題じゃないですか。裁判官は、弁護人の話を聞いていないで、 予断や偏見をもって裁判に臨む、ということは。）

この立場の違いは、法廷内での着席位置にも影響しています。

戦前は、検察官と裁判官は同じような役割を演じるものとされていましたので、検察官は、裁判官と同じ高さのところに座っていたのです。一方、弁護士は一段低いのです。

冒頭の疑問がこれです。びっくりものですよね。

また、どのような犯罪であれ、裁判を受けるのは裁判所で、不服なら最高裁まで上告できる、というのは私たちの常識です。

ところが戦前、そうではなかったというのです。

（えッ、またびっくり！　どういうこと？）

戦前は、軍人を裁く軍法会議や皇室間の訴訟を扱う皇室裁判所《こうしつさいばんしょ》、行政事件を扱う行政裁判所などの特別裁判所が認められていたのです。

特別裁判所は一審制で終審。いくら不服があっても、上告はできません。公の裁判によらずに、内部だけの裁きですので、その結果、人権侵害がたびたび起こったのです。

その反省から、新憲法では特別裁判所の設置を禁止し、行政事件も司法権の範囲に含まれるようになったのです。

行政機関の審判は、海難審判所、特許庁、公正取引委員会などが挙げられます。そしてその決定は、最終的な決定とはならず、裁判所への上訴ができるようになったのです。

検察起訴の地裁での有罪率九九・九八％。三権分立が崩れている

第七十八条　裁判官は、裁判により、心身の故障のために職務を執《と》ることができないと決定された場合を除いては、公の弾劾《だんがい》によらなければ罷免《ひめん》されない。裁判官の懲戒《ちょうかい》処分は、行政機関がこれを行うことはできない。

若い君たちは表題の、「検察起訴の地裁での有罪率が九九・九八％。」これはどういうこと？と思っているでしょうね。

私は、二〇一六年にＴＢＳで放映されていた日曜劇場『９９・９—刑事専門弁護士—』で、検察起訴の有罪率が九九・九％で、わずか〇・一％の無罪を求めて、有能な弁護士グループが冤罪になりかねない事件を解決して、無罪を勝ち取るというテレビドラマを見ていました。そのとき、私は有罪率九九・九％はドラマの設定であって、ウソだろ、と思っていました。あり得ないからです。みんなそう思いますよね。

ところがびっくり！　調べると現実に、検察起訴の地裁での有罪率が九九・九八％なのです。あり得ない！　世界一だそうです。

ナチスの刑事裁判所の有罪率が九九・五％（推定）と言われていますよ。

最近、しばしば冤罪事件が明らかになり、無罪となっています。ということは、この検察の有罪率のとてつもない高さは、裁判所が無罪の人間を有罪として成り立っている可能性を示唆します。

検察の調書を、裁判官はしっかり読み込んでいるのか、です。

このような指摘があります。

有罪率九九・九％という言葉は「検察の優秀さ」を示すわけではなく、検察があげると裁判所はほとんどスルーで有罪にしている、というだけの数字です。これは「判検交流《はんけんこうりゅう》」による人事交流が、裁判官と検察官の癒着《ゆちゃく》を生んでいるためで、検事が確かなものだけを送っているとは判断できません。（冤罪事件の多さが証明していますね）

（えっ、なに？　判検交流？）

初めて聞きました。それで調べてみました。

「この制度が始まった経緯は、敗戦後、法務省に民事の専門家が不足していたことによる。この制度は法律に基づいたものではない。法務省の人員不足が解消された後も、惰性《だせい》的に継続されているとされる。二〇〇〇年代からは、毎年四十人前後の裁判官が、法務省の民事局や訴訟部門、検察庁などに出向している。逆に、検察官が裁判官になる場合もある。もともと日本国内の全ての裁判所と裁判官を支配・統制している最高裁判所事務総局は、法務省と同じく、戦前の司法省を母体として設立された司法行政機関であり、最高裁判所事務総局と法務省は設立当初から互いに親密な関係にあるため、この判検交流の制度は最高裁判所事務総局と法務省を再び一体化させるための好都合な政策として積極的に導入された一面もあると言える」とあ

ります。おやおや、問題ですね。（なお、弁護士会からの批判で二〇一二年度から刑事裁判部門の交流は廃止。民事は縮小する）

そこで、本条文です。裁判官を行政機関が罷免させることはできないとなっています。三権分立だからです。辞めさせることができるのは、病気と弾劾《だんがい》裁判の場合のみです。

これは、戦前の反省の上に立った条文です。前にも指摘しましたが、明治憲法においては、建前上は、三権分立の原則がうたわれていますが、実際には、独立が制度上保障されておらず、検察官も裁判官も、司法省の役人です。行政機関である司法省が、裁判所規則の制定権、判事を含めた裁判所職員の人事権を行使し、司法行政、弁護士および弁護士会の監督《かんとく》権などを掌握《しょうあく》していました。

このため、具体的に司法省の中枢《ちゅうすう》部に所属していた検事たちが、日本国内のすべての判事の人事権を掌握《しょうあく》する形となり、実際には行政が、司法に対して自由に干渉することが可能となっていて、司法大臣による訓示《くんじ》などの形で、判事たちへの干渉が公然と行われるなど、三権分立は有名無実となっていたというわけです。

この戦前の姿は、まったくいけませんね。でも、戦後も戦前の習いが生きていることが、判検交流でわかりました。そして有罪率九九・九％が、司法の独立を脅《おびや》かしている、ということです。

とくに、本書を読んで下さった読者の方にはわかると思いますが、憲法第三十八条3項「何人も、自己に不利益な唯一の証拠が本人の自白である場合には、有罪とされ、又は刑罰を科せられない」という規定があるのに、なぜ裁判所は検察の起訴を受けつけ、裁判をするのでしょう。物的証拠が自白のみであるとわかった段階で裁判を打ち切り、客観的証拠を出すように検察に突き返すべきです。

それをなぜ、裁判所は検察の起訴《きそ》を受けつけ、裁判をし、有罪とするのでしょう？

このような指摘もあります。逮捕状発付率《はっぷりつ》、起訴猶予率《きそゆうよりつ》および第一審有罪率を総合的に考慮すれば、日本では事実上、有罪無罪の判断を検察がしており、裁判所はその事後的承認機関と化していると言っても過言ではない、と。

司法の独立が維持されれば、検察と裁判所は相互に独立した判断をしている以上、第一審有罪率が九九・九％になることなどあり得ません。法曹三者《ほうそうさんしゃ》（裁判官、検事、弁護士）が一元的に司法研修所で教育を受け、法曹官僚として一枚岩であるからこそ、高度の一体性と見解の一致を見る、と指摘されています。

また裁判官は行政府により再任されるので、無罪判決を出した裁判官は、その後の出世において不利に扱われ、裁判官は事件を有罪にするように偏重《へんちょう》した動機付けを与えられているとの指摘も無視できません。特に国策起訴（国の政策を邪魔する者の起訴）においてはこのことが顕著《けんちょ》だそうです。

違憲判決が出しにくくなる最高裁人事

第七十九条　最高裁判所は、その長《ちょう》たる裁判官及び法律の定める員数《いんずう》のその他の裁判官でこれを構成し、その長たる裁判官以外の裁判官は、内閣でこれを任命する。

君はこの条文、すっとわかりましたか。

わかりづらい条文ですね。わたしもはじめちょっと読んだだけではわかりませんでした。長たる裁判官とは、最高裁長官ですね。法律に定める員数、十四人だそうです。その裁判官で構成するのが最高裁、つまり全員で十五人です。そして、最高裁長官以外の裁判官は内閣で任命する、ということです。

では、肝心の最高裁長官は誰が決めるの？　この条文には、長官の指名のことは出ていません。どこに書いてあるの？

少し調べると、第一章天皇の六条2項にありました。「天皇は、内閣の指名に基いて、最高裁判所の長たる裁判官を任命する」と。

なんか法律は不親切ですね。最高裁のことを書いているのですから、この条文に「最高裁判所長官は内閣の指名に基いて天皇によって任命される」と入れてもよさそうなのに。

最高裁の人事は、とても大切です。なぜなら、新しく決まった法律が、違憲か合憲かを最終的に審査する唯一の機関だからです。

自衛隊が米軍の要請で、海外で戦争ができるようになる安保関連法案が二〇一五年九月十九日強行採決され、この二〇一六年三月に法として施行され、いま大きな問題になっています。残念ながら、いま日本は戦争ができる国になってしまったのです。そこで、各地で安保法は憲法違反だ、ということで違憲訴訟が争われています。

裁判闘争は、最終的に最高裁まで行きます。問題は、最高裁が憲法違反だ、と判決を出すかどうかです。

これまでの傾向は、最高裁は違憲判決をなかなか出さない、ということです。

首相の解散権は違憲がどうか、自衛隊が合憲か違憲か等、政治的判断に踏み込まないのです。この傾向を生み出す要素に最高裁の人事があります。本条文が示しているものです。

内閣が最高裁判所の裁判官を任命するのです。

でもこれって、おかしくはありませんか。司法権の最高人事に行政権の長が介入して、指名している。びっくりものです。本来なら、あり得ない。

三権分立しているのですから、最高裁の裁判官は司法の全員、裁判官による選挙で選ばれるべきです。弁護士会の会長が弁護士の互選《ごせん》で選ばれるように。

三権分立が人事によって、崩れてはいませんか。

これでは、時の内閣の意向にそった最高裁の人事が行われてしまう、という懸念《けねん》が大いにあります。その結果、国民が望まない法律に対して、違憲訴訟を起こしても、門前払いか、裁判になじまない、などと言って、判断をさけるケースがよく起こっています。

三権分立が有名無実になりかねないのです。そのために、国民審査がある、と考えることができますが、国民審査が内閣の介入を是正できるでしょうか？　それを次に見ます。

裁判官の国民審査、信任されるように仕組まれている

第七十九条　2　最高裁判所の裁判官の任命は、その任命後初めて行われる衆議院議員総選挙の際国民の審査に付し、その後十年を経過した後初めて行われる衆議院議員総選挙の際更に審査に付し、その後も同様とする。

3　前項の場合において、投票者の多数が裁判官の罷免《ひめん》を可とするときは、その裁判官は、罷免される。

4　審査に関する事項は、法律でこれを定める。

5　最高裁判所の裁判官は、法律の定める年齢に達した時に退官する。

6　最高裁判所の裁判官は、すべて定期に相当額の報酬《ほうしゅう》を受ける。この報酬は、在任中、これを減額することができない。

若い君たちは、最高裁判所の裁判官の国民審査をどう思いますか。わたしは、どうもいまいちわからない。この条文の通り、衆院選のときに行われますが、審査対象は、新任の裁判官と一〇年経った裁判官だそうです。

投票用紙を渡されますが、罷免に値すると思う裁判官に、×をつけることになっています。

では、信任する裁判官には、〇をつければいいのですね、と普通思います。

庶民の常識では、そうです。ところが、それはいけない、となっている。つけると無効票になってしまうのです。

（エーッ、それなに？）です。では、信任はなんと書けばいいの？

信任は、何も書かない、です。

（エーッ！　ヘン。おかしい。）

そう、おかしいのです。しかし、これには仕掛《しか》けがあるのです。

最高裁裁判官の国民審査は、よほど関心が高い人でないと、裁判官が在任中にどのような判断を行い、その判決が、正当かどうか、よくない判断をしたかどうか、裁判官を罷免《ひめん》するかどうか、と考えるとき、情報が少なく、判断がむずかしい。

それで、みんなわからないので、ほとんどの人が、何もつけないで、白紙で出す。

その結果、白紙は信任ということで、必ず裁判官は再任されることになっている。

官僚はうまいことを考えるものですね。ほんとうは信任は〇でしょ。×が罷免。わからない場合は、何も書かない。これが庶民の常識です。

庶民の常識で考えてみましょう。最高裁の法律判断なので、むずかしい。それで国民投票をすれば、わからない人が圧倒的多数になるのは目に見えている。そうなると、信任されないことになるので、司法が大混乱になる。それを避けるには、どうしたらいいか。官僚は奇策《きさく》を講《こう》じる。

何も書かない、を信任とする。こう、事前にアナウンスしておけばいい。

裁判官の判断については選挙公報で伝えておく。こうすれば、すべてのおぜん立てが揃う。

選挙公報を読んでも、むずかしくてわからない庶民は、投票用紙を渡されて、どうする？

わからないから、罷免の×もつけられない。○もつけられない。

どうするの？　と聞けば、「わからなければ、何も書かずに入れてください」と選管に言われて入れてしまう。（これは違反なのだが）

そうなると、何も書かないで入れるしかない。わからない場合は何も書かないのが庶民の常識なので、白紙を入れるのに、ためらいもない。

こうして、裁判官は信任されつづけている。いままで罷免された人はいない。

「わからない人は用紙を返して投票しない、という方法もあります」とは、選管はアナウンスしない。また自分の仕事を評価する国民投票なのに、主権者がわからないような情報しか出せない裁判官は欠陥を持つ者、罷免に値するので×、という方法もあるが、これはいつも少数派。

したがって、この国民審査は、主権在民の意味を確認する象徴的行為でしかない、ともいわれています。そこでこのような形骸化《けいがいか》を是正する知恵が必要です。たとえば最高裁人事のときに、新任の判事、長官を委員会に呼んで聴聞したり、選任にあたっても委員会で議論をし、リストをつくり、その中から内閣が選び、その選んだ理由と、その人を国会に呼んで議員が質問をする。その過程を国民みんなが聞けば、理解が深まり、国民審査の形骸化もかなり是正される可能性が出てきます。

このように国民審査は司法における主権者の力を示す場ですので、より実効性のある方法を考える必要があります。

下級裁判所への人事と給与を通しての支配

第八十条　下級裁判所の裁判官は、最高裁判所の指名した者の名簿によって、内閣でこれを任命する。その裁判官は、任期を十年とし、再任されることができる。但《ただ》し、法律の定める年齢に達した時には退官する。

２　下級裁判所の裁判官は、すべて定期に相当額の報酬を受ける。この報酬は、在任中、これを減額することができない。

下級裁判所とは、高裁、地裁、家裁、簡易裁判所を言うそうです。よく言われる裁判の三審制は、地裁、高裁、最高裁と、上告して結審するのはわかります。では、その三審にひっかからない家庭裁判所や簡易裁判所は何しているの？　ですね。まず家庭裁判所です。名前からして家庭問題を扱うのだろう、ということはわかりますが、ものの本を読むと、家庭内のもめごとや未成年者の事件を専門に扱う第一審の裁判所で、プライバシー保護のため、他の裁判と違って、非公開となっています。第二審は地裁で扱って、上級へといくわけです。

では、簡易裁判所はどうでしょう？　名前は聞きますが、何をやっているのか、知っている人は少ないのでは……。わたしも知りませんでした。

調べると、金額にして一四〇万円以下の民事事件や罰金刑や盗みなどの軽い刑事事件を第一審として扱う、となっています。原則として禁錮《きんこ》以上の刑を科することができないが、住居侵入罪、常習賭博《とばく》罪、窃盗《せっとう》罪等三年以下の懲役《ちょうえき》に科することができるが、これを超《こ》える刑を科するのが相当と認めるときは、地方裁判所に移送するとなっています。

裁判官の定年は、簡易裁判所が七十歳。それ以外の下級裁判所の裁判官はすべて六十五歳です。最高裁判所の裁判官の定年は七十歳です。意外と長いのですね。われわれ庶民は六十五歳ですからね。

そこで、いよいよ給与と人事についてですが、裁判官は公務員ですから、すべて公開されています。最初が判事補十二号という順番で、初任給が二二万七〇〇〇円からです。意外と低いですね。

そして毎年、十一号、十号と順々に上がっていって、最高の最高裁判所長官が二〇五万円です。これは三権の長、内閣総理大臣と衆参の議長とも同じだそうです。

裁判官の内情について、ある元裁判官の話を引用します。珍しく貴重なので、少し長いのですが、載せます。（引用先ブログ「杉並からの情報発信です」山崎康彦記　なお、ルビは明良による。）

裁判官になって二十年目までは、月給はみんな平等に上がっていきます。二十年目までが四号というところです。二十一年目に四号から三号になるかどうかということで、ふるいにかけられるわけです。三号にならないと裁判長にもなれません。それから、四号から三号になる給料差ですが、これはだいたい二〇〇〇年、平成十二年の基準でいきますと、四号俸の月額が九十万六千円、三号俸になると百六万九千円で、十六万三千円差があります。毎月で十六万三千円違って、これがボーナスや諸手当、給料の一割がつく大都市手当、それらを合わせると、だいたい年間で五百万円の差になる。結構大きいんですよ。だけど、その給料差だけじゃなしに、相手は三号になったのに、会合の座席でいえば、自分を飛び越して上座《かみざ》に行っちゃったのに、自分は行っていないという、こういう屈辱感《くつじょくかん》みたいなものも大きいんですよね。

そういうことで、みんな三号になりたくて仕方《しかた》がない、二十一年目ぐらいからは。だけど最高裁は、どういう要件があれば三号になって、どういう要件がなければ三号にならないかという基準を明らかにしないのです。だから、こういう行動をとっていたら、最高裁は自分を嫌わないだろうかとか、最高裁に評価されるんじゃないかということを非常に気にして生活や判決もします。だから、まず考えられるのは、組合関係の判決なんかで、検事と違うような判決を出せば、まず最高裁からもにらまれるであろうということは、推測は立ちますから、検事の要求と違うような判決は、まず出さないと思います。裁判官としてはまず出さない。

そういう最高裁が何を考えているのかという、上ばかりを見るというので、「ヒラメ裁判官」といわれています。ヒラメというのは海底で砂の中にうずくまって、目だけを上に上げて生活しているらしいのですが、そういう上ばかり見ているというので、ヒラメ裁判官という。そういうことです。給料をそういうふうに餌《えさ》にする。

それで三号にならないと、二号にもならない、一号にもならない。一号にならないと所長にもなれないということです。一号と四号とでは、月にして三十万円以上の差がありますから、これが年間になって、諸手当、ボーナスから全部含めますと、一千万円ぐらいの差になってくる。それから、退職金も全部そういうことで計算されてきますから、生涯所得では相当の差になってくるということです。みんな三号、二号、一号に早くなりたいということで、最高裁のほうばかりを向いて仕事をする。二〇年、三〇年経ってから、あの自白調書はおかしいと、えん罪であったというのが出てくることがあるが、これはある意味では分かりきっていながらも、自白調書を信用して有罪の判決を出しているわけなんです。

検事の出す自白調書を信用していくというのは、こういう給料差別による餌があるからです。

びっくりな話ですね。冤罪がどうして生まれるかのしくみの一端がわかります。検察起訴有罪率九九・九八％を、裁判官側から明かした貴重な証言です。

違憲判決をなかなか出せない弱腰最高裁

> 第八十一条　最高裁判所は、一切の法律、命令、規則又は処分が憲法に適合するかしないかを決定する権限を有する終審裁判所である。

憲法に違反している、と判決を下《くだ》し、国の行き過ぎを直す天下の宝刀が、最高裁の違憲判決です。三権分立が有名無実にならないための大事な役目です。

今回の安倍政権が強行した安保法が明らかな憲法違反である、と最高裁は判決を下すことができるでしょうか。今後、最も注目されるケースです。

では、いままで、最高裁はどれくらいの違憲判決を出してきたのか、見てみます。

わたし自身は九歳のときだったので記憶にないのですが、有名なのは、自衛隊の前身、警察予備隊が憲法違反かどうか問われた一九五二年の裁判だそうです。最高裁は「具体的事件を離れて、抽象的に法律の合憲性を判断する憲法上の根拠は存しない」と、訴えを却下しました。「自衛隊が合憲か違憲か」の判断をしないのは、違憲判断を逃げた、と言われています。

戦後七十二年経つのに、最高裁が違憲判決を下したのは、わずか十件です。その内、二件は一票の格差をめぐる判決です。しかもこの判決では、一票の格差が、平等を定めた憲法違反としながら、選挙そのものは、有効として、やり直しをさせない、というものです。

本来、日本は三権分立の国です。憲法違反なら、選挙は無効。やり直し、と命じれば、いっぺんに大幅な是正が行われ、一票の格差がなくなるのは、目に見えています。それができないのは、やはり、最高裁の人事権が内閣に握られている結果、と勘《かん》ぐってしまいますね。

司法は司法として独立しているのですから、司法の全体を支配している最高裁の人事は、全裁判官の選挙を通して、選んだらどうでしょうか。（日本弁護士連合会の会長が全弁護士の選挙によって選ばれるように。）そして選ばれた最高裁裁判官は、主権者の国民審査で、最終決定されるという手続きで、全体の公正が保たれるというしくみです。

明治憲法下での司法は、天皇の大権に属し、天皇の名において裁判を行い、天皇に対して責任を負うため、天皇の名による内閣決定に対して、違憲審査権はなかったのです。

天皇が神であるという間違った認識によって、天皇の名を使った人間の判断は間違いがない、という無謀な判断に頼って国の運営がされた結果、悲惨な戦争に行き着いたのです。

最高裁判所が謝った！ 前代未聞！ 誰に？

第八十二条　裁判の対審《たいしん》及び判決は、公開法廷でこれを行う。

（最高裁判所が謝った！ え、ホント？ びっくり！）

（前代未聞！ いったい誰に？ どうして？ そんなことがあり得るの？）

だいいち人間の死刑判決を最終的に言い渡すことができる、あの大法廷の高台に座り、法衣をおごそかにまとい、神のごとく死刑を言い渡すことができる最高裁のお偉い人が、どうして頭をさげるの。あり得ない！

でも、あり得たのです。謝った相手は、ハンセン病の元患者さんに、です。

二〇一六年の五月三日の憲法記念日を前に、最高裁の寺田逸郎《いつろう》長官が記者会見を開いて、かつてハンセン病患者の裁判を、隔離《かくり》された「特別法廷」で開いていた問題について、「最高裁として自らを省みて二度とこのようなことを繰り返すことがないよう決意する。裁判所の対応に、差別の助長につながる姿勢があったことは、痛恨《つうこん》の出来事だ」「裁判所のあり方を深くおわび申し上げなければならない」と謝罪の言葉を述べたのです。

本条文を見てください。裁判は対審（口頭弁論など裁判官の前でのやりとり）及び判決は公開が原則です。

ところがハンセン病患者の場合は、昭和二十三（一九四八）年から四十七年まで、九十五件が裁判所の公開の法廷ではなく、隔離先の療養所《りょうようじょ》に設置した「特別法廷」で行なわれたのです。ハンセン病は、昭和二十三年以降、薬で治る病気となり、三十五年以降は確実に完治する病気になったのに、昭和四十七年まで特別法廷で行い、あたかも隔離しなければならない病気のような差別を助長する裁判所の姿勢だったのです。

これ、確実に、この条文の憲法違反ですよね。

ところが「裁判所法違反の判断で足りるので、憲法違反かどうかの判断は必要ない」と逃げました。最終的に唯一の違憲判決ができる最高裁自身が、憲法違反をしていた、というのでは、笑えない話です。ホントは、それをすなおに認めることができる本物の裁判所なってもらいたいと願っています。

裁判は公開が原則。ただしプライバシーは尊重

第八十二条2　裁判所が、裁判官の全員一致で、公の秩序又は善良の風俗を害する虞《おそれ》があると決した場合には、対審は、公開しないでこれを行うことができる。但し、政治犯罪、出版に関する犯罪又はこの憲法第三章で保障する国民の権利が問題となっている事件の対審は、常にこれを公開しなければならない。

裁判は公開が原則です。一般公開ということは、誰でも聞きに行ってもいいということです。でも、私ら庶民には、ちょっとびっくりですね。だって殺人事件の裁判だって聞きに行けるのでしょ。レイプ事件も。

そしたら、被害者の惨《むご》たらしい殺され方や暴行の姿や、これまでの経歴が、事実ありのまま知らされるのでしょ。被害を受けた本人や家族にしたら、その姿を赤の他人に知られることは、最も望まないことではないですか。いいんですか。公開しちゃって。私らだって、見たくないですよ、そんな惨たらしい姿は。

たしかにそうなんですけど、「公開原則は、興味半分に聞きに行ける、人のプライバシーを

のぞける」という意味ではないのです。

裁判をオープンにして「主権者みんなが見ていますよ、公正な裁判をしてください、不正は許しません」ということを示すためなのです。ですから、報道関係者も入り、一般傍聴人《ぼうちょうにん》のメモも自由になりました。

でも、やはり心配ですね。プライバシー丸見えになっちゃっていいの？　スキャンダル好きな週刊誌が、おもしろおかしく自由に書いていいの？　という声も出てきますよ。

そのために、例外があるのです。それがこの二項です。非公開でいい場合がある、と。「裁判官が全員一致で、公の秩序又は善良の風俗を害する虞《おそれ》があると決した場合」です。なんか言い方が古めかしいですね。

ＧＨＱ草案では「裁判所が公開を公の秩序又は善良の風俗に害有りと全員一致を以て決するときは非公開にて裁判を行うこと」となっています。

木村草太《きむらそうた》・柴田元幸《しばたもとゆき》さんの現代語訳憲法では「公表すると公的秩序・道徳が危険にさらされると裁判官が全員一致で決定した場合、審理《しんり》は非公開でおこなうことができる」とわかりやすくなっています。

たとえば、エイズウイルスに感染させた責任を求めた東京ＨＩＶ訴訟《そしょう》では、原告のプライバシー保護の観点から、原告への訊問《じんもん》は非公開でした。ただし、この場合でも、非公開は対審のみで、判決は常に公開されなければならないのです。また、国民の権利義務の三章の各条項や政治犯罪や表現の自由などの重要な案件は常に公開すること、と但し書きがあります。

大工の目から見ると、国づくりの中での司法の役割は、国会で決まった法律に違反した場合、その内容を審判する役割を担っているということですから、家づくりでいうと、設計図どおり、建築がちゃんと行われているかを検査し、間違っていれば、是正を求め、新しい家が依頼主の要求通り、図面通りできているか、どうかを判断する役目を担っているといえます。

大手の工務店でいえば、建築途中の検査にあたります。定期的検査ではなく、建て主からのクレームが出たときの緊急検査、ということが言えます。

訴えた人が建て主、主権者です。訴えられた人は、大手から委託を受けた現場で工事をしている中小工務店の大工です。

この対立を裁く人は、大手の元請けです。派遣された検査官が裁きます。もし、現場を検査し、依頼主の意向を反映した図面通りできていないと、検査官から工事是正を指示されます。悪質であれば、出入り禁止となります。もし、訴えた建て主の要望が図面と違っていれば、逆に建て主に図面と違うことを指摘し、変更が可能かどうか。そのためには多額の追加料金がかかることを説明し、判断してもらう、ということです。つまり、できている家づくりの図面、国づくりの憲法の変更には、主権者である者の要求である以上、できないことはないが、大変なリスクを負いますよ、ということです。

現場にいるものが受けるクレームは、家の骨格や土台といった憲法そのものの変更ではなく、それには触れず、一部を変更するという、いわば憲法のもとにできている法律違反に関するもので、手直しで終わるものがほとんどです。土台や骨格である柱を直す、つまり憲法を直すとなると、大ごとなのです。そう簡単にできるものではありません。

第七章　財政

国の財政赤字は一〇〇〇兆円。赤ちゃんも含め一人あたり八五二万の借金

第八十三条　国の財政を処理する権限は、国会の議決に基いて、これを行使しなければならない。

「君たちはすでに八〇〇万円の借金をしていますよ」と言われたら、君はどうしますか。びっくりですね。でも、ほんとなんです。

国の財政赤字が二〇一七年九月末で一〇八〇兆円を超えたということは、そういうことです。国民一人あたり、赤ちゃんも含めて、八五二万円の借金を背負っていることになります。

そう聞くと、ほんとにびっくり！　どうするの？　そんな大金を？

君もわたしも返せるわけがない。それに自分はそんな借金をした覚えがないし、どうすりゃ

いいの？　です。

むろん借金ですから、返さなければなりませんが、個人が返すのではなく国が返すのです。

こうなったのも、ムダな公共事業の大盤振《おおばんぶ》る舞《ま》いや国債の無計画な乱発、防衛費の増大などがあります。借金九〇〇兆円の以前から、財政危機が叫ばれ、民主党政権のときは「コンクリートから人へ」と公共事業の削減《さくげん》が行われましたが、自民党安倍政権になってから、また公共事業の増大が復活して、社会保障費の増大とあわせて、毎年赤字国債を発行して、借金を重ねて、一千兆円を超えても、やめる気配がありません。

なぜ平気なのですか。予算の四割が借金である赤字国債を出してこなしているのですから、ますます国の借金は増えるばかりです。

この理由は、ギリシャ財政危機のとき、よくわかりました。

日本はギリシャよりもひどい世界一の借金大国なのに、なぜ危機にならないか。逆に、世界経済が悪くなるたびに、世界の投資家は「ドルやポンドを売って、安心な日本の円を買いにくるのか」です。

投資家が見る通り、日本の国全体の経済は安心なのです。それに対して、国の財政、つまり本条文でいう「国会の議決に基いた国の財政の行使」が危機、大赤字なのです。

それだけ日本の政治家はだらしがない。それに対して経済人はすぐれている、ということです。調べると、国の借金とは「政府部門＋家計＋法人企業＋金融機関」の借金合計のことを言います。確かに政府部門は多額の借金を抱えていますが、家計・企業部門は多額の黒字＝貯蓄を持っていて、家計・企業部門の黒字は膨大《ぼうだい》で、政府部門の赤字を吸収することができるのです。そこで日本の円は、安心、という評価がつくのです。

二〇一五年三月に日本銀行が公表した数字によると、日本国の資産は三二六五兆円〔家計・一六九四兆円、企業・一〇一九兆円、一般政府（地方自治体含む）・五五二兆円〕となります。一方負債は二九七九兆円〔家計・三六六兆円、企業・一四二〇兆円、一般会計（地方自治体含む）・一一九三兆円〕となります。その差額＝日本国の純資産は、二八六兆円にもなります。つまり、国全体としては黒字です。だから、外国投資家が安心して円を買いにくるというわけです。

でも、そうだからといって、このまま政府が赤字財政を続けていいわけがありません。赤字を増やしつづけ、国全体の資産を超えれば、国債の信用が暴落《ぼうらく》して、日本の経済の信用はなくなり、経済が動かなくなります。

国の財政は国会の議決によって動かす、という本条文を読み直せば、国・政府のお金は私たちが出しているので、使い方は私たち・主権者が決める、です。

こう言われると、びっくりです。ほんとに自分たちで決めているの？　と。

防衛予算はどんどん増えていっているし、福祉予算に十分なお金がまわっていない。

わたし自身は、武器をどんどん増やすのではなく、減らして、その分を福祉や教育に回して、貧困をなくしてほしい、と思っているのに、そんな思いとは関係なく、国の予算はどんどん逆に動いているのです。

たしかにわたしのような思いの人は少数で、経済優先の人が多く、選挙では自民党が圧勝している結果がこうなっている、というのは分かります。

ですから、自分の思いを国の予算に反映させたいと思ったら、みんなに働きかけて、少しでも武器に使う予算を減らす議員を応援しましょうと、説得しないといけない、ということです。

明治憲法でも、財政民主主義の規定は一応ありますが、選挙は有権者が国民の一％であり、天皇主権ですので、当然、国の財政もその制約を受けています。緊急時には、国会の議決なしで、政府による課税や支出が可能であり、予算が不成立の場合には、前年度の予算の施行が可能です。その結果の軍事費調達のために、国債が乱発され、戦争になだれ込んでいったのです。

その反省から、必ず国会の議決が必要とされ、主権者監視で、乱発を防ぐという憲法条文となったのですが、残念ながら、日本の家計は大赤字です。金の使い道は違いますが、戦前と同じ失敗を繰り返しているのです。

主権者は、お任せ民主主義ではいけない、ということです。

「国の財布はガラス張り」は建前。大きな抜け穴がある

第八十五条　国費を支出し、又は国が債務を負担するには、国会の議決に基くことを必要とする。

君は自分たちが収めた税金が、どう使われているか分かるように、国の財布は当然ガラス張り、誰でも納税者が見られるようになっていなければならないと思いますよね。ところがそこに大きな抜け穴があると言うのです。

「ホントですか？　ホントなら、驚き！」

私たちのお金を、税金として集めて、国の財政をつくっているのですから、すべて、その使途は明らかになっていなければならないですよね。

それがどうして抜け穴があるというのですか。

沖縄の密約問題など「不透明」と言われることの多い日本の政治ですが、実は予算も不透明なのです。これまで「予算」と信じていた一般会計は、単なる予算の一部であり、その裏には、さらに大きな特別会計があり、さらに財政投融資がある、というのです。

その額は、国の予算は一般会計九六兆円ですが、特別会計一七〇兆円、財政投融資四五兆円です。財政投融資は重なりが多いので、とりあえず省《はぶ》くと、特別会計は一般会計の倍の一七〇兆円もあるのです。つまり、一般会計が国の予算という報道は、実は不十分なのです。

この特別会計は、国会の議決がなくても、官僚と族議員の思うがままに、支出されています。つまり、闇の中で使われてしまっているのです。

特別会計は一八あります。主なものは健康保険、国民年金保険、労災保険、雇用保険、ガソリン税（揮発油税《きはつゆぜい》）、石油税、地方道路税などが特別会計です。

たしかに、ガソリンを買うとき、その約半分が税金ですので、その額を私たちが払って、国の財源になっているわけです。そして、各税とも別会計で運用されているわけです。

たとえば、社会保険庁がグリーンピアなど福祉施設に無駄なお金を垂れ流していたことは、記憶に新しいところですが、使われたお金は、国民年金特別会計から出ていました。

特別会計は、行政による予算査定も甘く、国会のチェックもあいまいなので、放漫《ほうまん》財政に陥《おちい》りやすいのです。

「母屋《おもや》（一般会計）でおかゆを食って、離れ座敷《ざしき》（特別会計）ですき焼きを食っている」という名言を吐いた大臣もいます。

特別会計以外に「第二の予算」といわれる財政投融資も、使い道が把握《はあく》しづらいと言われています。こうした支出の透明性を高め、議会のチェックを強化する必要が大いにありますね。

【第八十五条深掘り】国費の闇　一般会計から特別会計へ繰り入れのカラクリ

財政を調べていると、ヘンなことに気づいたのです。

「一般会計」からお金が「特別会計」に流入しているというのです。

それを「繰り入れ」と言うそうですが、この額が、二〇〇五年度でいうと、五〇兆円ほど、というのです。一般会計が約八二兆円ですから、その内の六割、五〇兆円が特別会計に入って行っているとはどういうこと？　なぜそんなことをわざわざするの？

その理由はこうです。いったん特会（特別会計）のトンネルをくぐった公共事業費、社会保障費などは、大部分が補助金の形で地方公共団体や特殊法人、公益法人などを通して業者へと流れていく。それらの経路はすべて政治家とつながっており……、ということです。

つまり、一般会計では公明正大にしなければならない。ごまかしはきかない。特別会計に入れれば、国会で審議《しんぎ》することなく、自分たちの思うように動かせる。だからわざわざ特別会計に繰《く》り入《い》れる、ということなのです。

（エーッ！　なんということ、驚きです！　こんなことがまかり通っていいの！）

「八十五条　国費を支出し、又は国が債務を負担するには、国会の議決に基くことを必要とする」のですから、あきらかに憲法違反ですよね。なぜ放置されたままなのですか？　国会の審議もないまま素通りさせられて、主権者である私たちの知らないところで、勝手に利権《りけん》をむさぼっているのですから。

しかも、特別会計は、各機関が独自財源を持っていますから、特別会計の予算編成は、各省庁の自由裁量《さいりょう》で行われて、繰り入れ額五〇兆円のほかに、国民への説明責任も果たさないまま、国会の審議もないまま、一般会計の五倍近い計五〇〇兆円という厖大《ぼうだい》な予算を使っているそうです。驚きですね。自民党の税制調査会は影の力を持っていると言われています。

これだけのお金を支配できるのですから。

自民党が、戦後、長期政権を長く維持してきた結果の弊害《へいがい》が、いまも財政面でも是正《ぜせい》できずに、財政民主主義を窮地《きゅうち》に陥れているのです。

これは、主権者である私たちのチェックのなさが招いた私たちの責任でもあるのです。

皇室財産は私たち主権者のもの。ただし三種の神器と宮中三殿を除いて

第八十八条　すべて皇室財産は、国に属する。すべて皇室の費用は、予算に計上して国会の議決を経なければならない。

すべて皇室財産は、国に属する。つまり国の主権者である国民のもの、というこの条文のびっくりは、すでに第八条の天皇のところで、君たちに説明しましたね。

ただし例外があるのです。それが、戦争を進める精神的支柱になった国家神道を支えたもの、宮中祭祀《きゅうちゅうさいし》を支えたものです。こういったものは、天皇家の私的財産として除外したのです。除外した理由は、簡単です。

国有化すれば、そのまま国家神道になってしまうからです。靖国神社を国有化してはならな

いと同じです。

しかし、除外したものの、その費用は国から出している。この矛盾、です。

GHQとしては、占領統治に天皇を利用するために天皇制を残したことによって、天皇の戦前からの祭祀《さいし》もつぶさなかったのです。天皇家の私的宗教として囲《かこ》ってです。そのため予算はつける。天皇の権威を利用する以上、その宗教性は活かす必要があったからです。

天皇家が私的に雇用している祭祀のための職員、二十一人が、戦前の国家神道を中核で支えた宮中三殿の神道行事を司った人々です。宮中三殿とは、賢所《かしこどころ》（天照大神をまつる）と、皇霊殿《こうれいでん》（歴代天皇・皇族の霊をまつる）と、神殿（八百万の神をまつる）の三つの館《やかた》から構成されます。

GHQにより国家神道が廃止されたことにより、国の保護を外れた神官たちは、そのまま天皇家の私的宗教である神道を担う人々となって生き残ったのです。

実は同様に、国家神道を支えた品物も、天皇家の私的なものとして生き残っています。祭祀を行う宮中三殿とともに、その中核となる「三種の神器」も、私有財産となっています。天皇家の祭祀は、戦前のまま行われています。三種の神器、剣《つるぎ》と勾玉《まがたま》と鏡《かがみ》のうち、剣と勾玉が天皇の伊勢神宮参拝とともに同行しました。しかし、この行為は要注意です。天皇家の私的宗教である神道のものは、家の外に出てはならないからです。あくまでも私的行為だから許されているからです。これを破っていけば、戦前の国家神道の復活につながります。それは、あってはならないからです。

「神社は宗教ではない」と公金を使った戦前の反省から

第八十九条　公金その他の公の財産は、宗教上の組織若しくは団体の使用、便益《べんえき》若しくは維持のため、又は公の支配に属しない慈善《じぜん》、教育若しくは博愛《はくあい》の事業に対し、これを支出し、又はその利用に供《きょう》してはならない。

君はこの条文、読みにくいでしょ。どうして法律の文書はこうもめんどくさくて、むずかしくて、すっきりとしないのでしょうね。

裁判になったとき、いい加減に書いておくと、どちらが正しいかの基準になるので、厳密に決めておかないと、問題が解決しないというのでしょうけど。

木村草太《きむらそうた》・柴田元幸《しばたもとゆき》さんの『現代語訳でよむ日本の憲法』では「公金をはじめとするいっさいの公的財産は、いかなる宗教組織・団体の使用・利益・維持にも、また公的権力の管理下にないいかなる義援《ぎえん》・教育・慈善《じぜん》事業にも支出・充当《じゅうとう》されてはならない」となっています。

よりわかりやすく言えば、公のお金は、私的に使うことはいけません。とくに宗教活動に使ってはいけません。福祉や教育でも、民間の事業には使えません、です。

憲法二十条の信教の自由と政教分離の取り決めを、財政面で裏づけているわけです。戦前の国家神道によって、天皇のために、国のために、死ぬことはいいことだと、人の魂を支配して、三一〇万人もの死者を出したことへの反省を踏まえています。

戦前の官庁では、内務省の中に神社局があります。これはいまで言う国土省国土局と同じ位置です。神社の経営を国が行っていたわけです。そのため「神社は宗教ではない」という驚くべき詭弁《きべん》をつかっていました。ホントにびっくりです。そんな明らかにおかしいことが、堂々とまかり通っていたのです。

国が国民をあざむいて平気な世界は、やがて暗黒の世界がくる前兆《ぜんちょう》です。

一九四〇年、「大東亜戦争」開始一年前には、さらに内務省内部から外に出て、神祇官《じんぎかん》という官庁をつくり、神社行政は大幅に拡充強化されました。

国家神道は、統制下の各宗教に文字通り君臨して、国体の教義の普及に総力を投入し、植民地・占領地には、続々と神社を創建《そうけん》し、天照大神《あまてらすおおみかみ》と天皇の威光《いこう》を全世界に及ぼすための聖域づくりに励《はげ》んだのです。そのため、植民地・占領地では、神職が大量に不足したので、学校職員をあてる方針をとり、師範《しはん》学校の大陸科生徒に祝詞《のりと》、祭式を教えて、外地神職の資格を与えたのです。（うわぁーッ、すごい！ ここまでやるかぁ）

そしてその行く末は、三一〇万人と二千万人の累々《るいるい》とした死者の世界が生まれたのです。

大工の目で一言。家づくりにも儀式はありますよ。建前の祝いのときに、にわか神職に大工の棟梁がなります。神主《かんぬし》を呼べばお金がかかります。かといって、伝統の儀式なので、やらないわけにはいかない。そこで、にわか神職で棟梁のお出ましというわけです。なお、棟梁が神主の修行をしたとは聞いていません。

憲法よりも法律を大事にする財務省の感性

第九十一条　内閣は、国会及び国民に対し、定期に、少くとも毎年一回、国の財政状況について報告しなければならない。

国の主権者は私たちです。したがって、国の財政の姿を主権者に報告することを、この条文で内閣に義務付けているわけです。よくテレビでの国会中継で、財政報告がされていますが、とくに注目してほしいのは、この条文が「国会及び国民に対し」報告しなければならない、と言っていることです。私たちの代表である議員に報告するだけでなく、あらためて、国民に報告しなければならない、と。しかも、少なくとも年一回報告しなければならない、と言っているのです。財政を監視《かんし》するのは、最終的には主権者である私たちであることを明らかにし、財政民主主義の徹底を示しているわけです。

そこで、この憲法で言われている国の財政報告は、国民に対してどのように行われているのだろうか、とネットを検索《けんさく》してみました。

すると、不思議なことに、国民への財政状況の報告は「財政法第四十六条に基づく国民への財政報告・財務省」と出ています。憲法九十一条に基づく、とはどこにも出ていません。

それで、しかたなく、財政法第四十六条に基づく国民への財政報告・財務省を検索しますと、出てきました。財務省のホームページの財政状況の報告の欄で、前記の表題の他に、概要で「本報告は、財政法第四十六条第一項に基づき、国民に対する財政状況の報告として作成されるものであり、官報・ホームページを通じて広く国民に公表しています。」と出ています。

そして、平成十二年度から平成三十年まで、各年を検索できるように表示されていますが、そこにびっくりがありました。

その下に、（参考）となっていて、憲法九十一条の表示と条文。財政法第四六条第一項の条文が載っているのです。憲法条文は参考でしかないのですね。なぜ財務省は、堂々と憲法九十一条に基づく報告と言わないのでしょう。憲法を大事にしていないのですか？

憲法で、ちゃんと報告しなければならないと言っているのに。

財務省は、最高法規に基づいて、皆さんに報告しています、と言わないで、下位の法律、財政法に基いて報告します、と言っているのです。

明治憲法下、軍事費が増大し続け、戦争に突入していった歴史を踏まえれば、現在でも防衛費がどのように使われているか、現内閣は、日米同盟を優先するために、社会福祉を切り詰めている中、防衛費を増やしつづけている姿をしっかりと見て、このような財政運営が間違っているかいないか、議論できる風土を作っていきたいですね。

大工の目から見ると、国の財政は、家づくりの予算と同じです。

家づくりの図面ができあがると、それに基づいた予算ができあがります。建て主はその予算は高すぎる。支払いきれないので、もう少し削ってほしい、と要求を出します。

そこで棟梁は、その予算だったら、材質を一段階下げますかとか、いろいろ建て主と交渉して、最終決定するわけです。大手の建築会社だったら、それを営業がやるわけです。

自分たちのお金がどう使われるかですから、その交渉は必死です。問題は、あとから出てくる追加予算です。家ができ出すと、自分たちが住むのですから、欲が出てきます。図面だけでは見えなかった姿が具体的にできると、想像しやすくなり、ここをもう少しこうしてほしい、という要求を出します。ああいいですよ、と現場で決まって、楽しみに完成を迎えて、びっくりがあります。

追加費用がバカにならない額になっていた、ということです。現場での話だと、予算の細かいことまでに気づかない、あるいは話ができにくい状況にあるために、最後にトラブルになる、ということがままあります。

国家の予算はどうでしょうか。これも私たちのお金、税金でできているわけです。北朝鮮のミサイルが上空を飛んだ。撃《う》ち落さなければならない。そのためにイージス・アショア購入を一基四〇〇億円で即決《そっけつ》した。国会にはからずに。こんなに簡単に決めていいのでしょうか。しかも二〇一八年七月三十日に小野寺五典《いつのり》防衛相は一基一三四〇億と跳ね上がったことを明らかにしました。しかも二基ですので、施設建造費や教育訓練費などを加えると五〇〇〇億円ほどになるそうです。まさに大工で言う現場の追加工事のバカにならない予算の増大です。米朝首脳会談が行われ、ミサイルが飛んでこないことが明らかになり、迎撃《げいげき》するためのＰＡＣ３地対空ミサイルを撤収《てっしゅう》したのにです。

大工の目から言うと、まさにおかしな国の追加工事です。

どんどん国の財政が膨《ふく》らみつづけています。国債《こくさい》が暴落するまであとどのくらいでしょうか。家づくりの予算に厳しい目を注ぐと同じように、国づくりの予算にも厳しい目が必要ですね。

第八章　地方自治

官僚主導の政治体制が残ったわけ

第九十二条　地方公共団体の組織及び運営に関する事項は、地方自治の本旨に基いて、法律でこれを定める。

君はこの条文を読んでどう感じたでしょう。何を言っているのか、わからないですね。憲法で、地方自治の何を言いたいのか、ちっとも伝わってこない、わかりにくい。実は、これは憲法十条と同じです。「日本国民たる要件は、法律でこれを定める」となっていて、わかりにくい。十条がそうであったように、九十二条も日本側がＧＨＱに抵抗して「第八章　地方自治」の冒頭に加えたことによります。

「法律で定める」と憲法に書いたのも、十条と同じ、日本側の仕掛けです。

GHQ案はすぐ本論に入っています。

「住民が知事、市長、町長、主要職員を直接選挙する」と。

このGHQ条文は、日本国憲法ではそのつぎの九十三条になっています。

一九五六年まで、教育委員の住民による直接選挙（公選制）は、この憲法条文によっていたのですが、後で成立した地方教育行政法によって公選制は廃止され（当時、大問題になる）任命制になって、教育への住民参加がしりぞいたのです。

憲法に「法律で定める」とある以上、憲法の精神をないがしろにしても憲法違反ではないという恐ろしい官僚的手法が、戦後もここで生きたのです。

GHQは、戦前の日本の地方制度が過度に中央集権的で、住民が地域の政治に直接参加する意識を欠いていることを知って、つぎの第九十三条を規定したのですが、この九十二条にひそむ罠《わな》には気づかなかったのです。

この官僚の巧みさが生きる理由に、GHQの立場があります。

戦争責任追及のための公職追放は軍人十二万人、公職の指導者八万人。

当時の朝日新聞が「無血革命は来る」と書くほど、大々的な戦争責任追及でした。

しかし、その中で官僚を除いたのです。なぜなら、日本のGHQによる占領は間接統治で、官僚を必要としていたからです。

その結果、明治から現在に至るまで、強力な官僚主導の政治体制が温存されたのです。ただし、近年、自民党が実行した内閣人事局による官邸主導の政治が猛威《もうい》をふるい、官僚が内閣に忖度《そんたく》して、決裁文書を改ざんするなど、いままでの官僚ではあり得ない不正が横行しはじめています。こんなにも官僚が、自己保身のために、情けない姿になるとは、驚きです。長いものに巻かれろ、という上位者への忖度が生々しく生きていたのですね。敗戦後のＧＨＱ改革から逃れた古い精神がいままで生きていたのです。

地方自治がない戦前。住民は知事も選べない

第九十三条　地方公共団体には、法律の定めるところにより、その議事機関として議会を設置する。

2　地方公共団体の長、その議会の議員及び法律の定めるその他の吏員《りいん》は、その地方公共団体の住民が、直接これを選挙する。

いまは国政選挙とともに知事選が大いに注目されますね。

知事は各地方の一国一城の主《あるじ》と言われ、その知事に誰がなるかで、政治の行方が大きく変わ

ることもあります。ですから、選挙民も知事選に力を入れるのです。

このように、地域住民が知事を選ぶのはあたりまえです。

ところが、住民が知事を選ぶことができない時代があったのです。

（エーッ、そんな時代があったのですか。驚きです。いつのことですか？）

敗戦になるまでの時代です。この憲法ができるまで、日本の民は、知事を選ぶことができなかったのです。

（では、誰が知事を選んでいたのです？）

政府です。政府の任命で知事が決まっていたのです。

具体的には内務省の大臣の指示で、主に内務省の役人が知事になりました。勅任官《ちょくにんかん》という官吏で、敬称《けいしょう》に閣下《かっか》を用いたそうです。

内務省とは、戦前の日本では「官庁の中の官庁」、「官僚勢力の総本山」とも呼ばれていた最有力の官庁です。内政・民政の中心となる行政機関であり、長である内務大臣は内閣総理大臣に次ぐ副総理の格式を持ったポストと見なされ、内務次官、警保局長、警視総監は「内務三役」と称された重職で、退任後は、約半数が貴族院の勅選《ちょくせん》議員に選ばれていた、というのです。

戦争の精神の支柱となった国家神道を進めた神社局も内務省内にありました。

いまでは見る影もありませんね。しかし当時は絶大な権力を持っていた官僚の牙城《がじょう》でしたから、敗戦の意味を受け止めず、この地方自治を進めるＧＨＱ案に、内務省は真っ向から抵抗し、知事公選論さえタブー視したのです。

その結果、ＧＨＱは内務省の執拗《しつよう》な抵抗を排除して、解体したのです。

戦争に負けるということがどういうことか。当時の多くエリート政治家、官僚は無知だったのです。それだけ、意識が世界に向いていなかった、自国のみの、上の意向を気にする、ヒラメ裁判官と同じ、後ろ向きの姿勢だったのです。

官僚の抵抗。地方自治を後退させる

第九十四条　地方公共団体は、その財産を管理し、事務を処理し、及び行政を執行《しっこう》する権能《けんのう》を有し、法律の範囲内で条例を制定することができる。

この条文をよーく見てください。主語は地方公共団体です。地方公共団体は条例を制定できる、としています。憲法では唯一の立法機関を、国会としていますが、特例として、地方自治の活性化のために、条例制定権を認めているのです。前条でも「地方公共団体は、議会を設置する」と地方公共団体が主語になっています。画期的ですね。

明治憲法には、地方自治の規定はありません。家父長天皇制国家の上下関係重視の姿勢を受けて、地方の政治は、内務省を頂点とする中央集権的色彩が強く、地方の長である知事も政府が任命して、地方公共団体も、中央政府の単なる下請け機関となっていたのですから。

これだけでも、びっくりな展開ですが、さらにびっくりがあります。

それはＧＨＱ草案では、こうなっていました。

- 住民が知事、市長、町長、主要職員を直接選挙する。
- 住民が財産、事務および行政を処理し、住民は国会が制定する法律の範囲内において憲章を定める権利を保障される。

このようにＧＨＱ草案では、住民主体が貫かれていたのです。

ところが内務省は、これに対して執拗《しつよう》に抵抗し、日本案による調整で、内容を変質させます。まず、地方自治体の種類を、ＧＨＱ案では府県、市、町の住民と書き分けてあったものを、日本案では「地方公共団体」という言葉で一括《いっかつ》したのです。これにより「地方公共団体は……法律の範囲内において条例を制定することを得べきこと」となり、条例制定権の主体が、住民ではなく、地方自治体に変更され、ＧＨＱ案のレベルが高い「憲章」ではなく、「条例」に変わったのです。

その結果、たとえば今日、地方自治体が、住民運動の成果として、国よりも高い基準を、公害条例や福祉に盛り込んでも、国からのチェックを受けることが起こるようになったのです。

このように、住民自治における個人の主体は、日本側がむしろ後退させて修正するという下の者、民を信用しないという、いつもの官僚の習いが出たのです。この結果、国が地方行政に深く関与する戦前の仕組みが残されたことから、国と地方のあり方が、これまで「三割自治」の問題として繰り返し論議されてきましたが、一九九九年に地方分権一括法が成立し、地方分権のための法的保障ができたのですが、国はその実質となる財源や権限については何かとしぶり、国と地方公共団体との綱引きがいまもつづいています。本当は地域のことは地域住民が考え、行政とともに問題を解決していく仕組みが必要ですね。

地域住民の意思が、国会の意思より強い

> 第九十五条　一の地方公共団体のみに適用される特別法は、法律の定めるところにより、その地方公共団体の住民の投票においてその過半数の同意を得なければ、国会は、これを制定することができない。

君はこの条文すなおに読めますか。何だかわからない言葉が冒頭にありますよね。「一」とは何？　一の地方公共団体とは？　なんでしょうか。

解説書を読むと「特定の」だそうです。つまり、特定の地方公共団体に適用される特別法という意味です。たとえば広島平和記念都市建設法です。一と書かずに、特定と書けばわかるのに。

条文そのものは、驚きです。国会が特別法を決めようとしても、その地域の住民投票で過半数の同意を得なければ制定できない、というのですから。つまり、地域のことは、地域住民の意思が国会の意思より強い、ということです。国が勝手に地域の実情を考えないで、上から法律をつくってもダメですよ、ということです。

ここに地方自治の原点があります。法律も作れる、罰則も制定できる、国の関与も制限できる、となると、国の干渉を排除した地方王国ができてしまうのでは——。つまり、驚きの条文ではないか、と思わせます。

たしかに国会の決定に対して、国民が直接投票で賛否を示すことができる権利を定めたのは、憲法改正を問う国民投票を規定した九十六条と、この九十五条だけです。

それだけ住民自治にとって、重要な規定です。ところが、憲法制定から一九五一年までに、旧軍港都市転換法など十五件があったあと、ぱたりと止んでいます。一九九七年の米軍用地特別措置法改正の際、実際は沖縄県にしか適用されない法律でありながら、政府は「全国に適用」という立場を取って、住民投票を阻止しました。

結局、国会決定に対して、主権者が直接賛否の意思を伝える方策は、六十年以上、使われずじまいです。

住民投票は、市町村合併などを問う目的で、よく使われていますが、この場合は、各自治体が条例を制定して実施しているので、憲法九十五条に基づく投票と違います。その結果には法的拘束力はなく、首長や議会が結果を尊重しないこともあります。

もう一度、自治の原点であるこの九十五条を見直す必要がありますね。


大工の目から見ると、古い家、戦前の明治憲法下の家父長制の家では、すべて中央集権で、地方自治はなかったということは、離れの家のことも、分家のことも、すべて本家の家長が決めますよ、ということですね——このようなことは戦前はよくあることです。

知事も中央から派遣されたということは、主権者が最上位者の天皇である以上、当然となるのです。戦後の日本国憲法の家では、主権者が民であるので、民がすべてを選ぶ、ということになっているのです。

第九章　改正

憲法を無視して安保法を通して海外派兵を行う内閣が、なぜ高支持率なのか。私たちは憲法の大切さを知らない

第九十六条　この憲法の改正は、各議院の総議員の三分の二以上の賛成で、国会が、これを発議し、国民に提案してその承認を経なければならない。この承認には、特別の国民投票又は国会の定める選挙の際行われる投票において、その過半数の賛成を必要とする。

2　憲法改正について前項の承認を経たときは、天皇は、国民の名で、この憲法と一体を成すものとして、直《ただ》ちにこれを公布する。

九章は、改正条項の一条だけです。君はこのことを、どう考えますか。

私は、それだけ「憲法改正」が重要なことですよ、と言っているのだと思います。憲法九条も、「戦争の放棄」の章に一条だけ入っていますね。

いままで見てきたように、憲法の各条がいかに主権在民と基本的人権と、平和主義の原理からつくられ、戦前の戦争になだれ込んでいった轍《てつ》を二度と踏まないように、と徹底した姿勢で歯止めを含めつくられているので、安易な改正はできないようになっているのです。

ゆえに、改正の発議には、議員の三分の二以上の賛成と、最終的には、主権者である国民の投票による、という主権者個人の判断にゆだねられているのです。

憲法改正、とくに九条を改正したい安倍政権は、当初この改正のための三分の二条項を、二分の一に改正して、九条改正をしやすくしようと目論《もくろ》みました。ところがそれも大変むずかしいとわかると、九条を解釈で改憲したのです。

具体的には、集団的自衛権の行使を閣議《かくぎ》決定したのです。そのあと、集団的自衛権で同盟国のアメリカからの要請があれば、自衛隊を海外の戦場に派遣する。これは自衛のためであるから、九条に違反していない、という解釈に基づく安保法をつくって、実質、憲法違反をして、すり抜けるという恐ろしい方法をとったのです。

その結果、この憲法改正条項を使うことなく、実質、憲法違反の法案を通してしまって、なおかつ憲法違反ではない、と言っているのです。（むろん違憲訴訟が起こされていますが。）

そして、自衛隊法を改正して、米軍の後について、海外派兵の軍事行動を行おうとしています。

これだけでなく、先に指摘した五十三条の「総議員の四分の一の賛成で臨時国会を開かなければならない」のに開かなかったのも憲法違反です。このような憲法違反をする内閣が、なぜ高支持率なのでしょう。

それだけ私たちは、憲法の大切さを学んでいないのです。

学校でも、重要な教科として憲法を教えていません。

それならば、主権者は私たちですから、私たちが自らの力で憲法を学んで、私たちのものとしましょう。子どもたちにも教えましょう。

戦前の明治憲法では、憲法改正の発議は、天皇主権であるので、天皇の勅命《ちょくめい》によって行われ、帝国議会の三分の二以上の賛成によって議決される、とあります。

さらに、明治時代の有権者は、数パーセントのお金持ちだけであり、当然、議員になれるのは有力者に限られ、女性は排除され、発議は天皇しかできないのですから、ここには、大多数の、個人が参加する余地はないのです。ここに国民主権と天皇主権の違いが、明らかに現れています。

大工の目で見ると、憲法改正は家の構造変更を意味します。いままで住んでいた家がどうに

も住みにくい。直したい、ということです。となると、お父さんだけで決められるものではありません。住んでいる家族などすべての人に影響しますから、お母さんも子どもたちも、すべての人の意見を聞いて、合意を得られたら、はじめて図面を変える・憲法改正をするということになります。だから、改正までのハードルが高いのです。

古い家、家父長天皇制国家では、主権者は天皇ですから、発議は天皇しかできない。ですから、改正は最高上位者の天皇の意思を動かすことですから、ほとんど不可能です。だから、当然一度も改正は行われない構造になっているのです。

戦前の家父長制の民家の改築も同じです。最上位の家長がうなずかなければ、改築は行われないのです。

第十章　最高法規

自民改憲案では、この最高法規の基本的人権の条文が消されている

第九十七条　この憲法が日本国民に保障する基本的人権は、人類の多年にわたる自由獲得の努力の成果であって、これらの権利は、過去幾多《いくた》の試錬に堪《た》え、現在及び将来の国民に対し、侵すことのできない永久の権利として信託《しんたく》されたものである。

私はこの表題のことを知ったとき、「エーッ、この条文が自民改憲案では消されてしまっているの。驚き！　どうして？　いいことが書いてあるのに、消す必要など、どこにもないのに」と思いました。

自民党案において、九十七条が消された理由が二つあります。

一つは第十一条の「基本的人権の享有《きょうゆう》」にも同じようなことが書いてあるのでいらない。もう一つはこの条文が、GHQ民政局のコートニー・ホイットニー局長が自ら書いた個人的願いによって入れられた経緯があるからです。

自主憲法制定を党是とする自民党としては、押しつけ憲法の象徴として気に食わないのです。はたして、そのような理由で消してしまっていい条文でしょうか。

よく読んでみると、この条文は、ただ単なる個人の願いにとどまらず、歴史的経緯《けいい》を踏《ふ》まえて、基本的人権の保障が、最高法規たる憲法の核心であることをあらためて示したもので、自民党憲法改正草案のように、あえて削除する理由はどこにもないのです。

削除するとは、その意味の重要度、歴史的経緯をないがしろにしていると判断できます。

基本的人権が侵すことのできない永久の権利であることを、第十一条につづいて、最高法規の冒頭に掲げている理由は、基本的人権が、イギリスのマグナ＝カルタから始まり、アメリカの独立宣言、フランスの人権宣言などの市民革命、その後の全体主義・軍国主義との戦いを経て、人々が多くの血を流して獲得してきた歴史の上にあること、この憲法が保障する人権は、そうした人権獲得の歴史の延長線上にあることを示したものです。

さらに、歴史的成果である基本的人権は、不可侵かつ永久の権利であり、いまに生きている私たちだけでなく、次の世代のために、人権を保持しつづける責任があることを、私たちにうながし、これから生まれてくる将来の人々にも、永久に保障することを宣言しているものです。

その点で、第十一条と趣《おもむ》きを異にしているのです。（自民党は歴史を大事にしませんね。）ともすれば、人権を侵害しようとする権力に対して、はっきりと自己主張して、待ったをかけ、抵抗して、暮らしの中の人権を確保しつづける不断の努力が必要であり、そのことが同時に、いままでの人々の歴史的努力につながっているということを、未来の子どもたちへの贈り物になるということを、ここであらためて、自覚して生きていきたいものです。

この憲法に反する法律、詔勅《しょうちょく》はすべて無効！

> 第九十八条　この憲法は、国の最高法規であって、その条規に反する法律、命令、詔勅《しょうちょく》及び国務に関するその他の行為の全部又は一部は、その効力を有しない。
>
> 2　日本国が締結した条約及び確立された国際法規は、これを誠実に遵守《じゅんしゅ》することを必要とする。

この日本国憲法の条文に違反した法律はすべて無効であることを宣言しています。

これも驚きですね。すでに、政治家たちは放置すれば自分たちの都合のよいように法律を作ることを見越《みこ》している条文です。つまり、安倍政権は九条改憲が無理なので勝手に解釈して、下位の法律で戦争ができる安保法案を強引に通しました。まさに、九十八条が指摘する行為で、憲法違反です。このようなことは明治憲法下でしばしば行われたので、わざわざ新憲法で歯止めをかけたのです。しかし、日本の政治家は憲法の言葉を大事にしない。動き出した若者・大学生のシールズは、街頭で「憲法守れ、憲法守れ」「選挙に行こう」と訴えています。ここに希望を見ます。

また、憲法は最高法規であるので、法律をつくるには十分注意することと念押ししています。とくに、注目は、詔勅も無効である、と言っていることです。天皇の指示する言葉も、無効、といっているのです。戦前を知る日本人にとっては、びっくりですね。天皇のことばは、ありがたく頂戴《ちょうだい》する、という姿勢でしたから、やにわに無効、などといったら、どのようなことになるか、畏《おそ》れ多い、という感覚です。

いまでも、このような条文に違和感を抱く年配の方は多いのではないでしょうか。

しかし、主権在民から言ったら、これはあたりまえのことです。

戦前のような天皇大権の時代ではないのですから。

天皇のことばも、必ず内閣の助言に基づいていますので、内閣が憲法違反をしない限り、詔勅のことばも、憲法違反になりようがないのです。

2項の日本が約束した国際法規を守ることは、当然のことです。しかし戦前は、約束した国際法規を破って、戦争は行われたのです。二度とこのようなことはないようにしなければなりません。国際的約束を各国が守っていれば、戦争は起こらないのですから。

憲法擁護義務は、天皇、首相、大臣、議員、裁判官だけ。そこに国民が入っていない理由

> 第九十九条　天皇又は摂政《せっしょう》及び国務大臣、国会議員、裁判官その他の公務員は、この憲法を尊重し擁護《ようご》する義務を負う。

この条文をよーく見てください。憲法を擁護する義務に、国民が入っていませんね。天皇、首相、大臣、議員、裁判官、公務員は擁護する義務があるのに。

なぜ、国民は入っていないの？　守らなくていいの？

そう思ってしまいますよね。憲法を擁護するのは、天皇、首相、大臣、議員、裁判官、公務員だけ？

その理由は、私たちが主権者だからです。国民が、私たち主権者が、為政者である国の立法、行政、司法のお偉方《えらがた》、さらには天皇にも、ちゃんと憲法を守ってください、と指示する立場なのです。それが主権者なのです。したがって、主権者である私たちは、当然、憲法を自らのも

のとしていなければならないのです。だから、憲法擁護義務に国民が入っていないのです。国民は、首相や議員がちゃんと憲法を守った活動をしているかを監視し、守っていなければ、守るように要請しなければいけないのです。それが、立憲主義です。

残念ながら、いまの政治家は憲法を守っていないでしょ。自民党政権は同盟国のために、海外に自衛隊を送れるように安保法を通しましたよ。

憲法九条のどこに、自衛隊を海外に派兵できる、と書いてあるのでしょうか。

まさしく、憲法違反です。二度と悲惨な戦争を起こさない。武器を持たず、国連外交で火種を消す。それが悲惨な戦争体験から学んだ覚悟のはずです。安保法案を通し、戦争のできる普通の国にするとは、八月十五日に至る戦争の三一〇万人の死者を顧《かえり》みない行為です。

自民党政権は、この九十九条の憲法擁護義務にあきらかに違反しているわけです。

この違反を正すのが、主権者である私たちの役目です。私たちの出番です。憲法違反をした内閣は政権から降りてもらう、と選挙で指示することです。

はたして、このような主権者としての姿勢を私たちが取る「学びと覚悟」があるでしょうか。

私たちは試されているのです。

【第九十九条深掘り】

私たちは戦後長く立憲主義を知らなかった

若い君たちは「立憲主義」を知っていますか？

わたしを含め庶民にとって、突然、新しい言葉がやってきたのです。

「立憲主義ってなに？」です。

「そんなむずかしい言葉、聞いたことねぇーよ」ですね。

でも、安倍首相の憲法改正の話によって、急に浮上してきたのが、立憲主義です。なんどもマスコミで取り上げられて、民進党に変わる前の党名にも立憲民主党という名が挙がったくらいです――もっとも衆院選挙で枝野幸男《えだのゆきお》氏が新党・立憲民主党を立ち上げ、野党第一党になる躍進《やくしん》をしましたね。本書でも、何度か使いました。

主権者が、憲法で権力者を縛るもの、とわたしなりに理解しています。

でも日本人の感覚から言うと、権力者を縛るものって、どういうこと？　そんなことできるの？　権力者や国は、自分たちを守ってくれるものではないの。いざ災害があったら国が出てきてもらわなくてはならないし、民間の企業年金より、国の年金の方が倒産がないので、安心して頼るべき存在、と思っている人が多いのでは……。

日本人は戦後、ずっとお任せ民主主義で来ました。

選挙で議員は選ぶけど、あとはよろしく頼むよ、です。私たちが主権者だから、議員や政府の活動をいつもチェックして、おかしいときは、行動を起こす、という主体的な姿勢ではないのです。

一九四七年、当時の文部省がつくった中学生用の教科書『あたらしい憲法のはなし』では、立憲主義的な話は出てきません。代わりに「みなさんは、国民のひとりとして、しっかりとこの憲法を守っていかなければなりません」と書いています。

びっくりですね。守るのは天皇、首相、大臣、議員、裁判官、公務員だけ。主権者である私たちは、守らせる役目がある、という立憲主義からいうと、一八〇度転換です。

それだけ、新しい憲法ができた戦後の長い間、憲法の本質が浸透《しんとう》していなかったということです。戦後長く憲法をめぐって、九条の平和主義、民主主義、基本的人権などが議論され、話題で大きく取り上げられてきましたが、立憲主義は聞いたことがなかったのです。

ある教授が新聞に立憲主義の言葉がどれだけ登場するかを、二〇一四年までの二十年間を対象に調べたところ、二〇〇三年までは年に数件程度しか載っていない。それが一気に増えたのは、二〇一三年に政権に返り咲いた安倍首相が憲法改正のために、九十六条の改憲要件を二分の一にゆるめようとした時からだそうです。つまり、権力者が憲法を守らず、強引に憲法無視の行動をつぎつぎとやったために「立憲主義」が注目されるようになった、というわけです。

大工の目から言うと、家づくりの図面は、すべての職人等が守らなければならない最高法規といってていいものです。各職人が図面を勝手に解釈してつくったら、家づくりが順調に進みません。

内閣総理大臣に相当する棟梁《とうりょう》が率先して守らなければ、他の職人に示しがつかないどころか、他の職人から、棟梁が勝手に解釈するなら、こっちもやりいいようにするよ、となり、図面通りの家ができなくなってしまいます。

それでは依頼主、つまり主権者である住む主人公の思いが実現できなくなります。

憲法擁護義務は天皇、首相、大臣、議員、裁判官だけ。そこに国民が入っていない、というのは、家づくりでいえば当然です。家づくりをするのは大工等の職人で、家の設計図を守らなければならないのは職人です。依頼主である家の主人公が、家をつくる職人であるわけがないからです。

建て主は、自分たちの思い通りの家ができていくのかを監視し、チェックしないとあとで欠陥住宅をつかまされたと、泣きが入るかもしれませんよ。

帝国憲法の改正条項に基づいて制定された新憲法

上諭《じょうゆ》

朕《ちん》は、日本国民の総意に基いて、新日本建設の礎《いしずえ》が、定まるに至ったことを、深くよろこび、枢密《すうみつ》顧問の諮詢《しじゅん》及び帝国憲法七十三条による帝国議会の議決を経た帝国憲法の改正を裁可《さいか》し、ここにこれを交付《こうふ》せしめる。

御名《ぎょめい》　御璽《ぎょじ》（天皇の名と印）

昭和二一年一一月三日

内閣総理大臣兼外務大臣　吉田　茂

国務大臣　男爵　幣原喜重郎

（各大臣の署名がつづく）

上諭《じょうゆ》とは、君主が臣下に諭《さと》し告げる文書のことを言うそうです。別の言い方だと、日本国憲法施行前の、日本における天皇の言葉として記された法令の公布文、ともなっています。びっくりですね。日本国憲法の交付の前に、このような上諭という天皇の言葉があったということは……。

憲法の本を読んでも、この言葉はなかなか出てきません。憲法そのものではない、ということで省いているのでしょうが、この天皇の言葉によって、一九四六年十一月三日に、日本国憲法が発布されたのですから、無視することはできません。

この上諭という君主が下々《しもじも》に諭《さと》す言葉で、日本国憲法が交付されたとは、またびっくり。しかも帝国憲法の改正条項によって、帝国議会の議決を経て改正されたとは、これまたびっくり。

日本国憲法は、明治憲法の改正によってできた、ということですね。しかし、今まで見てきたように、憲法の内容の多くは、明治憲法と一八〇度違います。それは革命的と言っていい内容ですね。それが、明治憲法の延長線上にあるというのは、驚きです。

たしかに憲法の原案審議は、帝国議会で行われ、貴族院でも大いに議論が行われています。形式的には、明治憲法がぷつりと切れて、新たに日本国憲法が取って代わった革命によっているのではないのです。あくまでも、明治憲法のバージョンアップ、改正なのですね。

なぜ、このような形になったのでしょう。

GHQは形式として、日本国民の自発的意思によって、新憲法が制定されたという形を取りたかったのではないかと思います。そのために、明治憲法の改正によって成立したとさせたかった、ということです。

敗戦後の現実を見れば、戦前の支配層である農村の地主は農地解放で没落して一介の農家となり、都市の経済を支配した財閥《ざいばつ》は解体され、家制度の支配者である家父長は敗戦で精神性を失い、長子相続が男女平等規定で禁止されて消滅したのです。

支配層の没落のあとに、いままでその下で虐《しいた》げられ、苦労した人たちが、自由を得て、自作農になり、経済活動の主人公になり、女性は選挙権を得て、主権者として活躍できることになったのです。つまり、上がいなくなり、自由になる主人公、主権者となったのです。

しかし、肝《きも》に銘《めい》じなければならないことがあります。上を取り払い、制度の骨格を作ったのは、GHQです。つまり、この革命は外から行われたのです。その骨格が日本国憲法です。

私たちは、日本国憲法をよし!、として七十年間支え続けてきました。この革命を内からしっかりと支えているでしょうか。

現自民党政権は、戦後レジームからの脱却《だっきゃく》をうたい、戦後の体制を戦前に戻したいと画策しています。自民党の憲法改正草案は、戦前に戻りたいと言っています。

戦後の自由、平等、基本的人権をよしとする私たちは、それらが制限されていた戦前には戻りたくはありませんね。自民党を背後で支える支配層にとっては、戦前のほうが支配しやすいので、戻りたいのでしょうが。しかし時代錯誤《さくご》もいいところです。

大工の目から見ましょう。日本国家の戦後の出発が、ここに示されているわけです。

日本国家の国家づくりの設計図、日本国憲法がここにできたわけです。ということは、大工から言えば、ここからこの図面にしたがって、家づくりがはじまるのです。つまり、戦前の国家が崩れ落ちたあとの、戦後の新しい国家の家づくりがはじまる、ということです。

それを、天皇をはじめとして、総理大臣ほか、全議員が参加して、宣言し祝ったわけです。

では、戦後七十三年たったいま、日本国憲法の図面による家づくり、国家づくりはどこまで進んだのでしょうか。

残念ながら、まだまだ途中ですね。なにしろ憲法の前文に掲げられている理想への政府の取り組みは、戦後国家の表の顔ともいえる部分は、少しも手をつけられていないで、経済成長ばかり取り組んできたのですから。

それなのに首相から図面を変えたい、憲法を変えたいというのですから、何を根拠に言うのでしょうか。

憲法九条に自衛隊を書き込みたい、と最近言い出しましたね。戦争の反省から、武器を持たないとしている九条に、軍隊そのものである自衛隊を書き込みたいということは、この戦後の出発点において、天皇とともに誓ったこの「上諭」を、首相はどう思っているのでしょう。

自民党の総裁であり、日本国家の内閣の総理大臣が、どうして憲法九条に自衛隊を入れたいというのでしょうか。この不思議の背景を第Ⅱ部で考え、私たちはどうしたらいいか、日本国憲法を掲げる日本の将来に思いを寄せたいと思います。

第Ⅱ部
憲法を深く考えてみたら未来に光が見える

個人として国家の中で生きていく理想を憲法が示している！
わかれば、意識が変わる

一　なぜ、いま憲法改正なの？

はじめに書きましたが、大工のわたしが憲法を学ぶきっかけを作ってくれたのは、安倍首相の憲法改正の呼びかけです。「いまの憲法はいいのに、なんで変えるのだろう？」という素朴な疑問からです。長い自民党政権の中で、安倍首相以前は一度も「憲法改正」の声をわたしは聞いたことがありません。ではなぜ、安倍首相は憲法改正を言い出したのでしょう。

国家の設計図である憲法の新設と改正は、日本の歴史上二回しかありません。

一つは、欧米列強の脅威の中、明治維新と廃藩置県を経て、新しい国づくりのための設計図として明治憲法・大日本帝国憲法をつくったとき。もう一つは、日本を守るためにと防衛線を海外に広げ、軍備をもって侵略して戦争をつづけ、明治、大正、昭和と駆け抜けて一九四五年八月十五日に敗戦した後、日本国憲法をつくったときです。

このように、国家の骨格を変える憲法改正は、大激動の時しか行われていません。それを、いま平和なとき、なんの激動もないとき、なぜ憲法改正を言うのでしょうか。

安倍首相が言う憲法を改正して新しい国づくりをするタイミングは、たかだか東京オリンピックというイベントでしかないのに、なんでそれを利用して、憲法改正をしようとするのか、です。そこには隠された別の動機がありそうです。

自民党は結党時に「自主憲法制定」を党是にした政党です。つまり「いまの憲法を変えたい」政党なのです。びっくりですね。安倍以前、一度も「憲法を変えたい」と自民党が選挙で訴えたことがないのですから。虎視眈々《こしたんたん》とその時を待っていたのでしょうね。

自民党の結党は一九五五年です。日本国憲法の制定は一九四六年です。ですから、新憲法制定から十年も経っていないのに、なぜ「日本国憲法を変えよう」という自民党ができたのでしょう。そして、その政党が政権を取り、戦後七十年近く政権党として居座りつづけてきたのに、現在も憲法が変わっていないのは、なぜなのでしょう。

一方、自民党結党から五十六年経って、いまようやく三分の二以上の与党議員を得て、憲法改正が現実味を帯びてきているのは、なぜでしょう。

その動きに対して、私たち庶民・市民・生活者は、どう向かえばいいのでしょうか。本書の最後にあたって、このような疑問を考えます。

二　なぜ新憲法制定から十年も経たないのに、憲法改正なの？

まず、新憲法制定から十年も経っていないのに、なぜ日本国憲法を変えようという自民党が結成されたかです。それは、自民党をバックで支えている支配層の運命と関係します。

支配層は戦前、天皇をかついで政治を思うように動かしていましたが、敗戦によるＧＨＱ革命によって、徹底的につぶされました。戦争責任をとらされたのです。

ＧＨＱによる改革の中身は、革命とも言っていい抜本的なものです。

- 敗戦まで、政権を支配していた軍部が↓非武装に。
- 農地改革で大地主が↓ただの地主に。小作人が↓自営農に。農村で起きた革命です。
- 財閥が↓財閥解体によって、ただの一企業に。
- 貴族制度（公爵・侯爵・伯爵・子爵・男爵等）が↓廃止に。貴族はただの市民に。

・戦争を鼓舞して官僚の中に入った国家神道が神道指令によって↓ただの神社に。
・家父長制度が↓廃止に。女性・障碍者《しょうがい》の解放。すべての国民が選挙権を獲得する。
・中央集権的自治を敷いていた内務省が解体され↓地方に自治がもたらされる。（戦前は知事も中央の内務省の任命で、内務省の役人がきました。）
・国家に奉仕する教育が↓GHQの四大教育改革指令で、文部省の中央統制教育が解体され、地方分権化のため、教育委員会制度と教育委員の公選制が導入される。
・支配層に都合のいい天皇主権の明治憲法が↓廃止され、国民主権の日本国憲法に変わる。

ざっと見ましたが、びっくりの連続です。いかに巨大な変革、一八〇度ひっくり返った革命だったかが、わかりますね。

天皇も戦前、財閥と同じく巨大な富を持っていましたが、国に召し上げられ、わずかな私財を残し、国から給与をもらう存在になったのです。この天皇の、最高の権威と権力の没落。そして、天皇の赤子と言われた国民が天皇に代わって、主権者になった。このようなことは、革命でしか起こり得ません。戦争を引っ張っていた指導者は、犯罪人として死刑を受けたり、牢獄に入れられたのです。戦争行政を支配した官僚指導者も二〇万人が追放されて、ただの人になったのです。

これが敗戦によるGHQ主導の革命、敗戦革命なのです。あらためて言いますが、支配層が徹底的につぶされた姿です。

戦争責任を素直に受け入れられない支配層が、怨念《おんねん》を持つのは当然です。日本が独立し、GHQが去ると、戦犯で巣鴨プリズンに入っていた戦前の政治家リーダーたちは出獄します。その代表が安倍首相の祖父・岸信介です。（敗戦直前、商工大臣だった人です。）さっそく政治活動をはじめ、いまの憲法は、GHQによって作られた、憲法は自分たちが作るべきだ、と自主憲法制定を主張し、無防備になった日本の軍備を増強せよ、と活動したのです。この動きと同時に神社本庁も活動しはじめます。神道的国民精神の復活を目指して。（やがて日本会議とつながり、安倍首相と連動して動きます。）

これに対し、憲法擁護、非武装を訴えていた革新側は、危機感をいだいて左右に分裂していた社会党を統一させます。この動きに「共産主義の脅威」と、危機感をもった財界は乱立していた保守を合同させるべく働きかけ、一九五五年に保守合同を成立させます。それが自民党の結成です。そこに岸信介も参加して、結党の党是に自主憲法制定を掲げたのです。

保守合同した自民党は、その後長く政権を取りつづけます。庶民は、現実路線をとる自民党を支持したのです。しかし、岸の望む憲法改正の発議は長くできないのです。発議には国会議員の三分の二以上の多数の賛成が必要だからです。革新勢力は三分の一以上を、常に確保しつづけていたからです。

三　では、なぜ戦後七十年の長い間、憲法は長期自民党政権下でも、改正できなかったのでしょう

私は思うのです。そこに三一〇万人の死者の存在が生きているからこそできなかった、と。

天皇の戦争継続の意思を変えさせて、ポツダム宣言を受諾させて、新憲法への道を開いたのは、天皇にこのままでは「国が滅亡する」と思わせた戦死者の存在です。三一〇万の死者となった民衆が、つまり私たちの父母・祖父母の死が、大権を持つ天皇の意思を変えさせたのです。それを勝者である連合国・GHQが、憲法として保障したのです。

国民は凄惨《せいさん》な戦争と極貧の不自由な戦中体験があるからこそ、新憲法の主権在民と不戦と人権と自

由を喜んで受け入れたのです。ですから、新憲法は押しつけではなく、道理なのです。だから、戦後七三年経っても、変えられないのです。

四　では、なぜいま憲法改正が現実味を帯びてきたのでしょう

ではなぜいま、自民党結党から五十六年たって、三分の二以上の与党議員を得て、憲法改正が現実味を帯びてきているのか、安倍政権になって憲法改正が、国会に提起できるようになったのか、です。そこに大きな変化があるのです。

まず第一に、戦争体験者がだんだん少なくなってきたことがあります。いま戦後七十三年たっています。敗戦時、二十歳の若者は、現在九十三歳です。戦争体験者が少なくなるのは当然ですね。やがてはいなくなります。つまり、戦争体験者が少ないことで、普通に戦争ができる国にしたい、という意見に賛同する人が多くなっているのです。北朝鮮が攻めて来たらどうする。その備えが必要だ、と。

第二に、不戦を誓った憲法がみんなのものになっていないことです。政権を取った自民党は憲法改正を党の方針に掲げていますから、戦後七十年間、学校で憲法の一条一条を教えないのです。その結果、ほとんどの日本人が憲法を知らず、最高法としての憲法の大切さを実感していません。憲法違反を政権がしても、たいした影響がないと無視しているありさまです。

第三に自民党は敗戦に至る歴史を、学校で教えていません。なぜ三一〇万人もの死者を出してしまったのかを、いわば日本史上最大の歴史的事態を、反省を踏まえて、教えようと思えば、その指示を文科大臣が出せばいいのですが、まったく出してない。その理由は、支配層をバックにした自民党は、戦争の総括をしないのです。すれば支配層の戦争責任を問われ、追及されるからです。天皇の責

任についても考えなければならなくなるからです。だから教えない。しっかりと教えている韓国・中国の歴史教育とは正反対です。

第四は、支配層は、庶民や若者たちを、政策を通して、マインドコントロールして「見ざる聞かざる言わざる」のようにさせています。本来の民主主義は「よく見、よく聞き、よく発言する」ですが、その逆です。

以下、若者や庶民をマインドコントロールする支配層の戦略を拾います。

- 言葉のすり替えで、本質を隠す。ぶつかり議論することを避け、波風を立てずに、なあなあでやる。結果的に現状維持。現体制が維持されることになります。敗戦を「終戦」と言い換え、カモフラージュすることは、その最たるものです。
- 敗戦に至る戦争の歴史を教えないで戦争の失敗を隠す。GHQの敗戦革命があったことを教えない。
- 国の背骨になっている憲法を教えないで、国民を政治音痴にさせて、憲法改正をもくろむ。
- ○×式教育の受験競争に追い立て、エリート以外は考えない子、上の指示に従う子を育てる。このような、意図的方法に加えて、経済環境の影響がさらに輪をかけます。
- 高度経済成長で、子どもたちの群れ遊びの場を奪う。人間関係づくりの原点である友達づくり――楽しい群れ遊びを通して、体ごとぶつかって友達となることを奪う。その結果、現在では、メールの返信をしないと友達を失う、というまわりの空気を読まなくては生きられない状況を生み出している。若者はまわりを気にして、自分からは出ない。その結果、おとなしくなっている。

（社会に出て失敗すれば、引きこもる。内閣府の数字では引きこもりは約七〇万人と言われています。）そして、群れ遊びができない子どもたちをゲームに熱中させ、人との直のコミニケーションをとる力を育てない。（このような若者の姿を思うと、将来の日本が憂慮されます。）

二〇一六年七月の参院選は、はじめて、選挙権が十八歳までに引き下げられました。二四〇万の若者が新たな有権者になったのです。いままで若者は常に親に反抗し、体制に反抗的でした。ところがこの時の投票結果は、保守と革新の投票比率は半々です。予想外に若者が保守化し、自民党に投票したのです。若者の育ちに批判精神がともなっていないのです。

こうして憲法改正ができる条件が揃《そろ》ってきたのです。

五　自民党改憲草案の中身は明治憲法時代にもどりたい

自民党は九条など一部の憲法を変えればいいとは思っていません。

自民党憲法改正草案は、日本国憲法とは正反対の、いかに戦後の庶民や市民、民衆の生き方を、逆戻りさせるものか。いわば、戦前の明治憲法下の精神に戻したいかが、よくわかるものです。ここでその骨子を見てみましょう。

- 天皇を元首として、頭にいただいて、国家主導の政治をする。（一条）
- 九条改正で自衛隊を国防軍にして、戦前のように海外に出ていき、世界の中心で活躍する。（九条二項）
- 軍隊の最高指揮官である総理大臣の権限をさらに強化して、国民の代表である大臣で構成する内閣にかけなくても、各省庁、自治体を指揮できるようにする。（七十二条）

・公共の福祉のためでなく、公共の利益と秩序のために、自由と人権を抑制する。（十二条）
・個を尊重する個人主義でなく、家族を大事にする家族主義を第一とする。（二十四条）
・緊急事態条項を入れ、いざというときは、国会を無視して、法律と同じ効力を持つ政令を連発して、自由と人権を制限する（九十七条）――独裁政治を獲得したヒトラーと同じ方法が可能となります――
・「国民に憲法を守らせる」と、立憲主義と正反対の国家主導の憲法に改憲する。（百二条）

こう見てくると、いかに自民改憲草案が、支配層が自由にふるまえる戦前の明治憲法に近づけたいかが、よくわかります。

六　改憲の眼目・九条改正を狙う支配層は武装を持つのがあたりまえ

自民党憲法改正草案の中でも、改正の眼目は九条改正です。なぜ、九条改正が眼目なのか、です。そこに、支配層の立場が色濃く反映されているからです。支配層は、武力を持つのがあたりまえなのです。なぜなら、自らの財産を守るためです。これは、戦国時代から明治、大正、昭和の敗戦まで、ずっと変わりません。支配層は武力を常に持っていました。

一方、庶民・農民は、非武装があたりまえです。守るべき財産はありません。戦国時代も、戦争が起きれば、農地を荒らされ、生活が苦しくなり、ろくなことがありません。当然、平和な世を望みます。ですから戦後、非武装になったことを、民衆は大歓迎しました。徴兵制で引っ張られ、戦争中に苦労したことを思えば、戦争は二度としたくない。だから九条を支え、憲法改正を望まない。それがあたりまえなのです。

そこで経済成長とともに復活した支配層は、このやりにくい戦後憲法体制をひっくり返し、軍備を持ち、戦前のような体制、支配層が都合よく国民を支配できる体制に戻したいのです。

自民党が目指す憲法改正は、ただ単なる一部の憲法改正ではなく、自民改憲案が示すように、現行憲法の骨格を大幅に変えて、天皇をかついで、主権を私たち・民から、支配層に取り戻したい革命、と読めます（日本会議は保守革命と言っています）。つまり、憲法改正は、主権をめぐっての支配層と庶民・市民との闘い、という側面を持っているのです。

七　支配層と民との主権をめぐる闘い

・なぜ、非武装の民が主権者になれたのか

主権をめぐる闘いと言ったとき、私たち庶民・市民は、それを十分自覚できているか、です。選挙で一票は入れるが、あとの政治はお偉い先生にお任せするというお任せ民主主義できた庶民に、主権者意識を、と言っても無理です。しかし、闘う前にそれができていなければ、勝負になりません。そのためには、どうしたらいいか、です。

まずはじめに、私たち庶民がなぜ主権者になれたのかを、考えることからはじめます。

通常、主権の交代は武力をもって血を流し、権力者を追い落として成立します。欧米ではそれがあたりまえです。では日本の場合、私たち庶民がどうして主権者になれたのかです。私たち庶民は、戦前は多くは農民でした。それに商人と手工業者が加わります。その私たちは、戦うことを好まない非武装の民です。

一方、支配層は戦うことを好む武士階級の出身です。下級武士の決起で明治維新を成し遂げ、ちょ

んまげを切って、背広を着た薩長閥《さっちょうばつ》が政権を握り、刀を銃に替えて、弱い国に攻め込んだのです。

つまり支配層は武士出身である以上、好戦的日本人として生きたのです。

その支配層が、連合国の武力に敗れ、ポツダム宣言を受諾する決定は、三一〇万人の厖大《ぼうだい》な死者を目の前にして、「このままでは日本が滅びる」と天皇が下した決断によります。明治憲法下の国家の戦争継続の意思を、このとき、変えたのです。ここで大事なことは、天皇の意思を変えさせたのは、三一〇万人の戦争による死者だ、ということです。私たち庶民につながる人々、農民を主とした非武装の民です。いやいや徴兵制で引っ張られた結果の戦死です。もっといえば父母祖父母の戦死です。この厖大な身内の戦死者の存在によって、天皇の決断をうながし、天皇主権から国民主権への交代が、決まったのです。つまり、私たちが主権者になることが決まったのです。したがって私たちは「主権者としての私たち」と言うとき、決して忘れてはならない事実が三つあります。

一、私たちが主権者になったのは、日本が負けて、ポツダム宣言を受け入れたから。勝っていればなれません。

二、私たちが主権者になったのは、私たちの父母祖父母の三一〇万人と隣国及びアジア諸外国の人々二千万人の人々が血を流したからです。

三、私たちが主権者になったのは、戦争を引っ張った支配層の明治憲法下の家父長天皇制の精神ではなく、敗れて目覚め、欧米諸国の主権在民、民主主義の精神を受け入れて、二度と戦争はしないと、日本国憲法を宣言したからです。

この三つです。非武装の民が主権を主張して、世界の中で生き抜くには、この三つを常に肝に銘じて、活動することです。この活動を体現することなくして、非武装の民が主権を維持することはできないし、その活動が主権を強化するのです。
では、この主権を強化する活動は、戦後十分行われたでしょうか。

・敗戦とポツダム宣言の受け止めは十分行われたでしょうか

残念ながら、第一の日本人の「敗北とポツダム宣言の受け止め」は不十分なのです。とくにその責任が重い支配層は、敗北をしっかりと受け止めていません。敗戦を終戦と言い換えて、あたかも自然に戦争が終わったように見せかけています。支配層は、自らの戦争責任を問われることを恐れ、なぜ、負けたのかを考えず、自ら厖大《ぼうだい》な死者を出した戦争を総括することを怠っているのです。

では、敗戦を正面から受け止め、ポツダム宣言を受け入れたとき、事態はどうなったのでしょう。革命があったのです。戦後の出発点に。三一〇万人という厖大な血が流された結果です。その結果、GHQによる戦争責任を追及する旧体制のひっくり返し、革命が起こったのです。天皇主権を支えた支配層は追放され、その代わりに、私たち庶民・国民が主権者に就いたのです。それを日本国憲法が保障しているのです。その革命の恩恵を、私たち庶民・市民・民衆は受けているのです。戦前の家父長制の精神には、国民主権と民主主義はないのです。あるのは(最)上位者尊重と上意下達《じょういかたつ》の精神です。この違いを忘れないことです。

・日本人は隣国及びアジア諸外国の人々二千万人を殺したことをわかること

非武装の民が主権を強化するための活動の二番目は、私たちの父母・祖父母は隣国及びアジア諸外国の人々二千万人を殺したことを、決して忘れないことです。祖父母たちは支配層が画策した戦争に受け身ながらも手を貸し、協力したのです。この戦争の殺しの行為を行ったことは、恐ろしいことですが、事実を認めることです。

庶民は武士出身の支配層に引っ張られ、沖縄処分、台湾併合、朝鮮併合、中国東北部・満州国樹立をはじめ、隣国及びアジア諸外国に侵略し、多くの人々の命と土地を奪ったのです。加害者でもあったことを胆に銘じることです。

・祖父母たちは嫌なら支配層の指示に従うことを、なぜ断らなかったのでしょう

では、なぜ農民や職人・商人はいやいやながらも、支配層の指示に従い、戦争にいのちをかけることになったのでしょう。いまから考えれば、なぜ断らなかったのでしょう。いのちをかけて断ればよかったのでは——そうすれば、いのちをかけて戦争に行って、相手を何人も殺し、自らも死ぬことがなかったのですから。

その理由は、家制度・家父長制度の中を生きていたことにより、断ることができなかった、です。戦争を進めた戦前の多くの人たちは家制度の中に生きていて、伝統的日本人と言ってよいでしょう。稲作を家業とする家の習いは、伝統的に昔から伝わってきたものだからです。その習いの通りやっていけば、家業が成り立つのです。

伝統的な日本人は、無自覚だと、無意識にまわりの雰囲気や意見を受け入れようとします。とくに意見が上位者から出されると、反論しにくい感性に支配されます。それは周りに合わせて、和気あいあいと、波風立てずに、人間関係を過ごそうとする家の習いからです。

個人にとって、ことばが一番大事ではなく、人間関係の和が、和気あいあいの雰囲気、その空気が、

一番大事なのです。

「家の習い」とは、象徴的にいえば、上下関係に連なるものです。伝統農法である水田耕作を家業として担う「家」の集団の習いです。家長を中心に、家の存続のため、いのちを丸投げしているので、上が戦争をすると決めれば、いやいやでも従うしかないのです。上下関係の和が一番大事なので、止めようがないのです。敗戦を受けて、戦争を見直すとき、この「集団で動き出すと止めようがない精神」を、見直すしかないのです。「敗れて目覚める、それ以外にどうして日本が救われるか」（臼淵《うすぶち》磐《いわお》大尉〔吉田満著『戦艦大和ノ最期』（原文カナ）〕）です。

また、伝統的日本人は、敗戦を受けて、独特な反応をしました。それは戦争責任についてです。勝つために皆、頑張ったのに、敗戦でした。本来なら「なんで敗けたのだ、勝つといったのに。その指導者の責任はどうなっているんだ」と責任追及が大きくならなければいけません。

しかし、家父長制の精神は、指導者・上位者に声をあげて批判することは、御法度《ごはっと》・ダメなのです。上位者のいちいちを批判すると、全体の和が乱れるからです。

稲作を担《にな》う各地域の家でも、上下関係の序列の中で、全体が和気あいあいと作業を担い、失敗があれば、全体でその失敗の責任を担うのです。ここには、単独の個が担う場面はないのです。

この家の精神の習いによって、「大東亜戦争」の失敗は日本国民の天皇に対する「一億総ざんげ」となり、最高責任者・天皇に対して「敗けてしまって申し訳ない」と謝罪する姿勢となり、戦争指導者の責任を問う声は、日本人の中から上がらなかったのです。（責任を追及したのはGHQと極東軍事裁判所でした。）

こう見てくると、伝統的日本人の態度は、責任は全体でとる。（連帯責任とよく言われますね。）上下関係の箇所個所で細かい不満はあっても、甘受する。全員で勝つことに向けて皆頑張ったのだから、負けたということは、おのおのの努力がまだ足りなかったのだ、と大まかなまとめでおしまいにするのです。全体の和を大事にするなら、そうするしかないのです。

この流れの中で言えることは、伝統的日本人にとって、個は自立していない、ということです。あるいは、家制度の慣習を受けた上下関係の中では、個は自立することが許されていない、ともいえます。

それで私たちの祖父母たちはいやいや戦争の加害者にもなったのです。二千万人も殺すという恐ろしい加害者に。（それで戦争に行った人は容易に口を開かないのです。）

私たちは、隣国及びアジア諸外国の人々二千万人を殺したことに手を貸したという大失敗を受けて、主権者になっているということです。

ですから、主権者として、謝罪は当然です。相手が納得するまで、です。何度謝ればいいのだ、と腹を立てることではありません。無実の人を殺してしまったのですから。

残念ながら、自民党長期政権は敗戦に至る戦争を正面から受け止められない精神的弱さを抱え、戦争の総括を逃げつづけているので、謝罪はその都度しているのですが、口先だけの謝罪になって、相手の心に届きません。韓国、中国との関係は、常に不信の中の戦略的外交だけしかできていません。

一方、日本人の中には、この状況をうわべだけ見て「何度謝ればいいのだ」という不満と不信を呼び込むようになっています。「慰安婦」の問題が象徴しています。

しかし、私たちは知る必要があるのです。日本政府の謝罪が口先だけだということを。

その証拠は、何度謝罪しても、未来の大人を育てる学校教育で、侵略と戦争の、私たちの近代史を何一つ教えていないことが証明しています。

・日本国憲法の人間像が、伝統的日本人の人間像を乗り越えて登場した

非武装の民が主権を強化するための活動の三番目は、敗れた戦前の精神・家父長制の精神にふたたび頼るのではなく、敗れて目覚めた戦後の新しい精神に立つことです。

敗戦は戦前の伝統的日本人にとって衝撃を与えました。その衝撃を受けた伝統に、図太い楔《くさび》を打ち込んだのが、日本国憲法です。

伝統的日本人にとって、それは青天《せいてん》の霹靂《へきれき》です。伝統を切ったのですから。

伝統的日本人の習いを受けて成立している明治憲法を切って、「上下関係の和」よりも「個の尊重」を掲げ、「男女平等」を掲げ、「戦争放棄」を掲げたのです。

伝統的日本人が自らの精神で、自国を守るためにしかけた世界戦争で敗れ、ポツダム宣言を受け入れた。そこには、日本軍の完全武装解除、戦争犯罪人の処罰、民主主義確立に対する障害の除去、基本的人権の尊重が指示されていたのです。

このことによって、日本人は世界史の流れに直にさおさして、日本国憲法の人間像が、伝統的日本人の人間像を乗り越えて登場したのです。

そして驚くべきことは、この憲法を、敗戦直後の日本人は大歓迎したのです。

それは伝統的日本人が、戦いの極みの中でゆきづまり、玉砕や特攻や死の行軍によって、むきだしになった個が、虫けら以下の粗末な扱いを受けた体験があったからこそ、あるいは銃後の庶民・その代表である主婦が、男手を戦争に取られてしまった中で、否応なく、子どもたちの空腹を満たすため、

自ら率先して、買い出しに出て、値切り、持ち帰るというむき出しの個人としての行動を起こす新しい女性となったからこそ、戦争を二度としない、個を尊重する、女も男も平等に扱うという憲法内容が、輝かしいメッセージとして映って、大歓迎されたのです。

これが、家の習い・家父長制が機能しなくなった中、戦後の個人が新しい憲法をよしとした理由です。

八　日本の混乱の根源は、戦争を総括することから逃げていることにある

安倍首相は、伝統的日本人が生きる誇りある日本を取り戻すと、やっきになって、憲法改正を推し進めています。

いまの日本ではダメだ、道徳心のない日本になった。日本人の中から誇りと気概が消えてしまった。倫理観のない、金儲け主義だけの日本人になってしまった。その点、戦前はよかった。人々は誇りと気概をもって、事に当たっていた。教育がしっかりしていて、人のあるべき倫理を正しく教えていた。教育勅語はその見本となっていた。だから、それを取り戻し、日本人の誇りと気概を取り戻したい、というのです。

いままでの首相の言動を見ていると、このような本音がわかります。

たしかに、いまの日本人には、誇りと気概が欠けています。倫理観もどこへ行ったか。殺人が日常茶飯事になっています。金儲けだけが、日本人の価値基準になっているとさえ、言いたくなる現状があります。だから、何とかしなければならない、と為政者が思うのは、わかります。

しかし、そのために戦前の体制を取り戻す、教育勅語を取り戻す、というのは、間違っています。

自民党は、三一〇万人と二千万人の死者を出した戦争の総括を逃げつづけているから、安易な方法に飛びつくしかないのです。日本会議と神社本庁の神道的国民意識を復活させようという勢力に便乗するしかなくなっているのです。

日本の現在の姿は、長期政権を担ってきた自民党政治の結果だということを認識すべきです。野党が政権に就いたのはわずかです。責任の大半は自民党にあります。むろん、それを支持した国民にもありますが、かじ取りの責任は自民党が大なのです。

なぜ、自民党は戦争の総括を逃げ続けているのか。その答えは、明らかです。

自民党のバックにいる支配層の自らの戦争責任、負の遺産を掘り返したくないからです。

戦争に対する逃げの姿勢が、いまの日本の根源的問題なのです。

戦争にきちんと向き合い、戦死者に向き合い、被害者に向き合い、子どもに向き合い、日本人ががたどらざるを得なかった戦争と、日本国憲法にたどりつく歩みをしっかり見つめ直して、憲法と敗戦に至る歴史を、子どもたちに伝えるのです。

そうすることで、おそまきながらも、これからの日本人として取るべき姿勢を確固にして、誇りある日本人として、国際社会の中で、生きぬくことです。

世界から戦争をなくし、核兵器をなくし、貧困と差別をなくし、平等を実現するという憲法の大戦を踏まえたことばが示す、日本人としての誇りある生き方を実現していくのです。

戦後の誇りある日本人の生き方とは、そういうものです。

しかし、残念ながら、この姿勢はみんなのものになっていません。自民党の政策が効いていて、憲法を知らないからです。

九　まもなく戦争体験者がいなくなる。でも私たちは「一億玉砕の戦争から救われていまを生きている」と、わかることで戦死者とつながる

戦後七十三年に入ったいま、戦争体験者がどんどん亡くなっています。戦争体験の継承が問題となっています。もう間もなく、戦争体験者はいなくなります。自然の摂理です。

では、いなくなったら、過去の戦争とは関係がなくなるのでしょうか。

とんでもありません。戦後に生きる私たちは、戦争体験とつながっているのです。

なぜなら、戦後に生きる私たちは、深く戦争による死者によって、救われ、生かされているからです。

「えっ、それはどういうこと?」と、いまの若い人たち、戦争を知らない人は、問いを発すると思います。その答えは、八月十五日に至る戦争の質に由来します。

当時「大東亜戦争」と呼ばれた戦争は、日本人の総力を挙げた戦争で、ゆきづまった最終局面では、一億玉砕まで決意した戦争です。すでに三〇〇万人を超える日本人が、天皇のため、国のため、家族のため、戦死している状況です。

そこで取られた最後の戦略が、一億の日本人が、すべて玉砕。玉のように砕けて散るまで戦う、という玉砕戦法とその決意です。銃後の女性も竹やりで敵に突き進む訓練をしたのです。

このような戦争方法は、他の国ではしません。日本人独特の精神構造、家父長制の精神が、家父長天皇制国家の精神が、そうさせたものです。

「天皇陛下が、朕《ちん》とともに死んでくれとおっしゃったら、みんな死ぬわね」と妻がいった。私もそ

の気持ちだった。

（高見順『敗戦日記』より）

したがって、日本人が一億玉砕までに届かんとする勢いで死につづけていたとしたら、戦後に生まれた人たちは、生まれてこなかった、ということです。戦後に生き残った人も死んでいた、ということです。

このような究極の戦争を、止めたのは誰か。戦争継続の天皇の意思を変えさせたのは誰か、です。それが、戦死者です。三一〇万人の戦死者が「このままでは国が亡びる」と天皇の戦争継続の意思を変えさせたのです。つまり、私たちが生きているのは、天皇の意思を変えさせた戦死者のおかげなのです。一億玉砕戦法によって、死ぬ運命にあった私たちは、あるいは生まれるのを絶たれたであろう私たちは、戦死者によって、救われたのです。

この救われたつながりを知ることによって、私たちは、戦死者を永遠に忘れることはできないのです。

戦争体験者の語りが確実に途絶えたあとも、私たちは、自分の国の戦争の生い立ちとその姿を知ることによって、戦死者とつながり、二度と戦争をしないことを誓い、世界から戦争をなくす憲法の精神を体現していくのです。

十　過去の敗戦の事実そのものをわかることで、意識が変わる

もうわかりましたね。憲法改正、九条改正を止めるにはどうしたらいいか、を。私たちはもう手に

しているのです。主権を。そして、この自らの中にある主権を強くするためには、なにもむずかしいことをする必要はありません。主権を手にすることになった過去の事実そのものを、とことんわかることです。「過去の事実そのものをわかること」は、ことばによってわかるのです。歴史もことばです。ことばを大切にしなければ歴史も忘れます。感性では分かりません。なぜなら、主権を手にした事実は、過去のことですから、ことばを通してしかわからないのです。

いままでこの本で学んできましたね。私たちの祖父母は、敗戦したこと。ポツダム宣言を受け入れたこと。日本人三一〇万人が戦死し、隣国及びアジア諸外国の人々二千万人を日本人は殺したこと。一億玉砕の戦争から、私たちは救われ、いまを生きていること。基本的人権、男女平等、学問や表現の自由を手に入れたこと。GHQ（連合国総司令部）によって、戦前の戦争を進めた家父長制の旧体制のひっくり返し・革命が行われ、支配層が徹底的につぶされたこと。支配層は自らの復活を目指して、主権を民から奪おうと活動していること。支配層は軍隊を持つのがあたりまえだが、私たち庶民・農民・市民は、非武装の民であること。非武装の民が主権者になったこと。だが、主権者の自覚が弱い結果、一票を投じるが、あとはお偉い議員さんにお任せの民主主義でやってきた結果、軍備を増やされ、現在は世界第八位の軍事大国になってしまっていることを。

非武装の民らしく、軍備を減らし、世界から戦争をなくす理想をゆっくりとしっかりと生きましょう。

日本国憲法は、日本人が敗戦によって学んだことを、約束にしたことばの束です。

これらのことは、すべて日本人が得意とする感性でとらえられるものではなく、ことばによる理解によって、はじめてわかるものばかりです。ですから、苦手であっても、ことばを学び、ことばによる事実を学ぶことによって、はじめてわかり、自分の意識が変わるのです。いままで見えなかったものが、見えるようになるのです。ことばに信を置いてください。大事なことばは流さないことです。そうすることで、自分の中の主権者意識が強くなり、どんな偉い人に対しても、主権者として平等である自覚をもって、発言できるのです。

保守政権に集う支配層は、このようになることを恐れ、憲法を一切教えない政策を七十年間、保ってきたのです。（唯一、憲法ができた直後、『あたらしい憲法のはなし』を文部省が憲法普及のために、中学一年生用の社会科教科書として作り配りました。しかしGHQが去り、自民党政権になると、作らなくなったのです。）

私たち庶民は憲法を学びあって、眠りから覚めましょう。私たちは、私は、主権者であると。

十一　個人として国家の中で生きていく理想を憲法が示している！

わたしは、国家ということばを、いままで自分の主張の中に使うことはしてきませんでした。右翼がよく使っていることばですね。この本ではじめて、わたしは使いました。その理由は、まず私たちは国・国家の中に生きているという現実は逃れられないということです。

その上で、わたしは憲法を勉強してみて、国家に対峙して、個人がしっかりと生きていけるということがわかったのです。ですから、国家ということば、枠組みを、ここで語るのです。

この憲法は、立憲主義であることの発見は前に語りましたね。この憲法は、個人が主権者です。主権在民です。私たちが主権者です。私たちとは、主体から語ると、わたしです。わたしを除いて私たちは成り立ちませんからね。ということは、わたしが、主権者が、憲法に基づいて、国家を統御するのです。これが立憲主義です。けっして、間違えないことです。国家が私たちを統御するのではありません。それは戦前の明治憲法下の国家観です。そして憲法を学んできてわかりましたね。憲法はよく読むと、人類の理想が示されているのです。

日本の国家は、どのような姿勢でなければならないかを、憲法が示しているのです。

それをもう一度確認しましょう。

主権者は国民であることを宣言する。

主権者は、選挙された国会における代表者を通じて行動し、自由を確保し、二度と政府による戦争を起こさないことを決意する。

私たち主権者は、恒久の平和を念願し、平和を維持し、専制と隷従、圧迫と偏狭を地上から永遠に除去しようと努めている国際社会において、名誉ある地位を占めよう、と思う。

私たち主権者は、全世界の国民がひとしく恐怖と欠乏から免かれ、平和のうちに生存する権利を有することを確認する。

平和を愛する諸国民の公正と信義に信頼して、私たちの安全と生存を保持しようと決意する。

私たちは、いずれの国家も、自国のことのみに専念して他国を無視してはならない。人間相互の関係を支配する理想を深く自覚する。

政治道徳の法則は、普遍的なものであり、この法則に従うことは、自国の主権を維持し、他国と対等関係に立とうとする各国の責務であると信じる。

日本国民は、国家の名誉にかけ、全力をあげてこの崇高な理想と目的を達成することを誓う。

抑圧から解放する。

人間はみな平等。

世界から戦争をなくす。

差別をなくす。

貧富の差をなくす。

言論、宗教をはじめとしたあらゆる自由を守る。

人権を守る。

教育の機会均等を目指す。

男女は平等であり、夫婦平等であることを実現する。


このような理想を、日本国家を統御《とうぎょ》する最高法である憲法が示しているのです。

このような理想があってはいけませんか。いいでしょ。

あまりにも立派すぎる理想で、ついていけない、と感想をもらす若い人もいるでしょうね。

でも、この理想は、詩人がたわごとで言っている理想ではありません。

憲法という現実なのです。

国の運営に、このような理想を目指せと、国家を統御する憲法の現実が、主権者たる私たち、わたしに指示しているのです。

一つ一つ、各人が出会う不正を、正していきましょう。

最高法である憲法が、私たちの行動を支持しているのです。

もういちど言います。私たちは、わたしは、主権者なのですから。

ですから、一歩一歩、この理想を生きましょう。


最後に若い人たちに。

大事にすることは、まず自分を出すこと。

相手とぶつかって、はじめて相手の本当の気持ちに気づく。

そのあとに、その違いを話し合って、調整するのです。

自分を出さないで、相手をおもんぱかって、正解を出すのは聖人しかできないことですから。

これが、日本国憲法の根本精神・主権者はわたし、が示すものです。

引用・参考にした本

憲法に関するもの

- 東京新聞政治部編『いま知りたい日本国憲法』講談社、二〇〇五年
- 森田優子『Constitution Girls 日本国憲法――萌えて覚える憲法学の基本』ＰＨＰ研究所、二〇一一年
- 西修『図説 日本国憲法の誕生』河出書房新社、二〇一二年
- 柴田元幸・木村草太『現代語訳でよむ日本の憲法』アルク、二〇一五年
- 田中正造の闘いを総評した赤上剛さんのことばは田中正造カレンダーの解説文による
- 学研パブリッシング『日本国憲法を知りたい。』学研プラス、二〇一三年
- 『復刊　あたらしい憲法のはなし』童話屋、二〇〇一年

歴史に関するもの

- 吉田満「戦艦大和ノ最期」は『吉田満著作集　上巻』文藝春秋、一九八六年
- 高見順日記の部分は、井上ひさし他『八月十五日、その時私は…』青銅社、一九八三年より
- 公職追放は、秦郁彦・袖井林二郎『日本占領秘史　下』朝日新聞社、一九七七年
- 日本放送協会「サンルームの二時間・憲法ＧＨＱ案の衝撃」『再現ドキュメント　日本の戦後　上』ＮＨＫ出版、一九七七年
- ＧＨＱの戦後改革については、竹前栄治『ＧＨＱ』岩波新書、一九八三年

この他、ネットからもたくさんの情報をいただきました。日本国憲法の誕生・国立国会図書館。日本国憲法制定時の関係会議録、小委員会議事録。伊藤芳博さんのＨＰ、日本を考える・日本国憲法を読む・人権条項からも利用させていただきました。

日本国憲法　全文

前文

日本国民は、正当に選挙された国会における代表者を通じて行動し、われらとわれらの子孫のために、諸国民との協和による成果と、わが国全土にわたつて自由のもたらす恵沢を確保し、政府の行為によつて再び戦争の惨禍が起ることのないやうにすることを決意し、ここに主権が国民に存することを宣言し、この憲法を確定する。そもそも国政は、国民の厳粛な信託によるものであつて、その権威は国民に由来し、その権力は国民の代表者がこれを行使し、その福利は国民がこれを享受する。これは人類普遍の原理であり、この憲法は、かかる原理に基くものである。われらは、これに反する一切の憲法、法令及び詔勅を排除する。

日本国民は、恒久の平和を念願し、人間相互の関係を支配する崇高な理想を深く自覚するのであつて、平和を愛する諸国民の公正と信義に信頼して、われらの安全と生存を保持しようと決意した。われらは、平和を維持し、専制と隷従、圧迫と偏狭を地上から永遠に除去しようと努めてゐる国際社会において、名誉ある地位を占めたいと思ふ。われらは、全世界の国民が、ひとしく恐怖と欠乏から免かれ、平和のうちに生存する権利を有することを確認する。

われらは、いづれの国家も、自国のことのみに専念して他国を無視してはならないのであつて、政治道徳の法則は、普遍的なものであり、この法則に従ふことは、自国の主権を維持し、他国と対等関係に立たうとする各国の責務であると信ずる。

日本国民は、国家の名誉にかけ、全力をあげてこの崇高な理想と目的を達成することを誓ふ。

第一章　天皇

第一条　天皇は、日本国の象徴であり日本国民統合の象徴であつて、この地位は、主権の存する日本国民の総意に基く。

第二条　皇位は、世襲のものであつて、国会の議決した皇室典範の定めるところにより、これを継承する。

第三条　天皇の国事に関するすべての行為には、内閣の助言と承認を必要とし、内閣が、その責任を負ふ。

第四条　天皇は、この憲法の定める国事に関する行為のみを行ひ、国政に関する権能を有しない。

2　天皇は、法律の定めるところにより、その国事に関する行為を委任することができる。

第五条　皇室典範の定めるところにより摂政を置くときは、摂政は、天皇の名でその国事に関する行為を行ふ。この場合には、前条第一項の規定を準用する。

第六条　天皇は、国会の指名に基いて、内閣総理大臣を任命する。

2　天皇は、内閣の指名に基いて、最高裁判所の長たる裁判官を任命する。

第七条　天皇は、内閣の助言と承認により、国民のために、左の国事に関する行為を行ふ。

一　憲法改正、法律、政令及び条約を公布すること。

二　国会を召集すること。

三　衆議院を解散すること。

四　国会議員の総選挙の施行を公示すること。

五　国務大臣及び法律の定めるその他の官吏の任免並びに全権委任状及び大使及び公使の信任状を認証すること。
六　大赦、特赦、減刑、刑の執行の免除及び復権を認証すること。
七　栄典を授与すること。
八　批准書及び法律の定めるその他の外交文書を認証すること。
九　外国の大使及び公使を接受すること。
十　儀式を行ふこと。
第八条　皇室に財産を譲り渡し、又は皇室が、財産を譲り受け、若しくは賜与することは、国会の議決に基かなければならない。

第二章　戦争の放棄

第九条　日本国民は、正義と秩序を基調とする国際平和を誠実に希求し、国権の発動たる戦争と、武力による威嚇又は武力の行使は、国際紛争を解決する手段としては、永久にこれを放棄する。
2　前項の目的を達するため、陸海空軍その他の戦力は、これを保持しない。国の交戦権は、これを認めない。

第三章　国民の権利及び義務

第十条　日本国民たる要件は、法律でこれを定める。
第十一条　国民は、すべての基本的人権の享有を妨げられない。この憲法が国民に保障する基本的人権は、侵すことのできない永久の権利として、現在及び将来の国民に与へられる。
第十二条　この憲法が国民に保障する自由及び権利は、国民の不断の努力によつて、これを保持しなければならない。又、国民は、これを濫用してはならないのであつて、常に公共の福祉のためにこれを利用する責任を負ふ。
第十三条　すべて国民は、個人として尊重される。生命、自由及び幸福追求に対する国民の権利については、公共の福祉に反しない限り、立法その他の国政の上で、最大の尊重を必要とする。
第十四条　すべて国民は、法の下に平等であつて、人種、信条、性別、社会的身分又は門地により、政治的、経済的又は社会的関係において、差別されない。
2　華族その他の貴族の制度は、これを認めない。
3　栄誉、勲章その他の栄典の授与は、いかなる特権も伴はない。栄典の授与は、現にこれを有し、又は将来これを受ける者の一代に限り、その効力を有する。
第十五条　公務員を選定し、及びこれを罷免することは、国民固有の権利である。
2　すべて公務員は、全体の奉仕者であつて、一部の奉仕者ではない。
3　公務員の選挙については、成年者による普通選挙を保障する。
4　すべて選挙における投票の秘密は、これを侵してはならない。選挙人は、その選択に関し公的にも私的にも責任を問はれない。
第十六条　何人も、損害の救済、公務員の罷免、法律、命令又は規則の制定、廃止又は改正その他の事項に関し、平穏に請願する権利を有し、何人も、かかる請願をしたためにいかなる差別待遇も受けない。

第十七条　何人も、公務員の不法行為により、損害を受けたときは、法律の定めるところにより、国又は公共団体に、その賠償を求めることができる。
第十八条　何人も、いかなる奴隷的拘束も受けない。又、犯罪に因る処罰の場合を除いては、その意に反する苦役に服させられない。
第十九条　思想及び良心の自由は、これを侵してはならない。
第二十条　信教の自由は、何人に対してもこれを保障する。いかなる宗教団体も、国から特権を受け、又は政治上の権力を行使してはならない。
2　何人も、宗教上の行為、祝典、儀式又は行事に参加することを強制されない。
3　国及びその機関は、宗教教育その他いかなる宗教的活動もしてはならない。
第二十一条　集会、結社及び言論、出版その他一切の表現の自由は、これを保障する。
2　検閲は、これをしてはならない。通信の秘密は、これを侵してはならない。
第二十二条　何人も、公共の福祉に反しない限り、居住、移転及び職業選択の自由を有する。
2　何人も、外国に移住し、又は国籍を離脱する自由を侵されない。
第二十三条　学問の自由は、これを保障する。
第二十四条　婚姻は、両性の合意のみに基いて成立し、夫婦が同等の権利を有することを基本として、相互の協力により、維持されなければならない。
2　配偶者の選択、財産権、相続、住居の選定、離婚並びに婚姻及び家族に関するその他の事項に関しては、法律は、個人の尊厳と両性の本質的平等に立脚して、制定されなければならない。
第二十五条　すべて国民は、健康で文化的な最低限度の生活を営む権利を有する。
2　国は、すべての生活部面について、社会福祉、社会保障及び公衆衛生の向上及び増進に努めなければならない。
第二十六条　すべて国民は、法律の定めるところにより、その能力に応じて、ひとしく教育を受ける権利を有する。
2　すべて国民は、法律の定めるところにより、その保護する子女に普通教育を受けさせる義務を負ふ。義務教育は、これを無償とする。
第二十七条　すべて国民は、勤労の権利を有し、義務を負ふ。
2　賃金、就業時間、休息その他の勤労条件に関する基準は、法律でこれを定める。
3　児童は、これを酷使してはならない。
第二十八条　勤労者の団結する権利及び団体交渉その他の団体行動をする権利は、これを保障する。
第二十九条　財産権は、これを侵してはならない。
2　財産権の内容は、公共の福祉に適合するやうに、法律でこれを定める。
3　私有財産は、正当な補償の下に、これを公共のために用ひることができる。
第三十条　国民は、法律の定めるところにより、納税の義務を負ふ。
第三十一条　何人も、法律の定める手続によらなければ、その生命若しくは自由を奪はれ、又はその他の刑罰を科せられない。

第三十二条　何人も、裁判所において裁判を受ける権利を奪はれない。

第三十三条　何人も、現行犯として逮捕される場合を除いては、権限を有する司法官憲が発し、且つ理由となつてゐる犯罪を明示する令状によらなければ、逮捕されない。

第三十四条　何人も、理由を直ちに告げられ、且つ、直ちに弁護人に依頼する権利を与へられなければ、抑留又は拘禁されない。又、何人も、正当な理由がなければ、拘禁されず、要求があれば、その理由は、直ちに本人及びその弁護人の出席する公開の法廷で示されなければならない。

第三十五条　何人も、その住居、書類及び所持品について、侵入、捜索及び押収を受けることのない権利は、第三十三条の場合を除いては、正当な理由に基いて発せられ、且つ捜索する場所及び押収する物を明示する令状がなければ、侵されない。

2　捜索又は押収は、権限を有する司法官憲が発する各別の令状により、これを行ふ。

第三十六条　公務員による拷問及び残虐な刑罰は、絶対にこれを禁ずる。

第三十七条　すべて刑事事件においては、被告人は、公平な裁判所の迅速な公開裁判を受ける権利を有する。

2　刑事被告人は、すべての証人に対して審問する機会を充分に与へられ、又、公費で自己のために強制的手続により証人を求める権利を有する。

3　刑事被告人は、いかなる場合にも、資格を有する弁護人を依頼することができる。被告人が自らこれを依頼することができないときは、国でこれを附する。

第三十八条　何人も、自己に不利益な供述を強要されない。

2　強制、拷問若しくは脅迫による自白又は不当に長く抑留若しくは拘禁された後の自白は、これを証拠とすることができない。

3　何人も、自己に不利益な唯一の証拠が本人の自白である場合には、有罪とされ、又は刑罰を科せられない。

第三十九条　何人も、実行の時に適法であつた行為又は既に無罪とされた行為については、刑事上の責任を問はれない。又、同一の犯罪について、重ねて刑事上の責任を問はれない。

第四十条　何人も、抑留又は拘禁された後、無罪の裁判を受けたときは、法律の定めるところにより、国にその補償を求めることができる。

第四章　国会

第四十一条　国会は、国権の最高機関であつて、国の唯一の立法機関である。

第四十二条　国会は、衆議院及び参議院の両議院でこれを構成する。

第四十三条　両議院は、全国民を代表する選挙された議員でこれを組織する。

2　両議院の議員の定数は、法律でこれを定める。

第四十四条　両議院の議員及びその選挙人の資格は、法律でこれを定める。但し、人種、信条、性別、社会的身分、門地、教育、財産又は収入によつて差別してはならない。

第四十五条　衆議院議員の任期は、四年とする。但し、衆議院解散の場合には、その期間満了前に終了する。

第四十六条　参議院議員の任期は、六年とし、三年ごとに議員の半数を改選する。

第四十七条　選挙区、投票の方法その他両議院の議員の選挙に関する事項は、法律でこれを定める。

第四十八条　何人も、同時に両議院の議員たることはできない。

第四十九条　両議院の議員は、法律の定めるところにより、国庫から相当額の歳費を受ける。

第五十条　両議院の議員は、法律の定める場合を除いては、国会の会期中逮捕されず、会期前に逮捕された議員は、その議院の要求があれば、会期中これを釈放しなければならない。

第五十一条　両議院の議員は、議院で行つた演説、討論又は表決について、院外で責任を問はれない。

第五十二条　国会の常会は、毎年一回これを召集する。

第五十三条　内閣は、国会の臨時会の召集を決定することができる。いづれかの議院の総議員の四分の一以上の要求があれば、内閣は、その召集を決定しなければならない。

第五十四条　衆議院が解散されたときは、解散の日から四十日以内に、衆議院議員の総選挙を行ひ、その選挙の日から三十日以内に、国会を召集しなければならない。

２　衆議院が解散されたときは、参議院は、同時に閉会となる。但し、内閣は、国に緊急の必要があるときは、参議院の緊急集会を求めることができる。

３　前項但書の緊急集会において採られた措置は、臨時のものであつて、次の国会開会の後十日以内に、衆議院の同意がない場合には、その効力を失ふ。

第五十五条　両議院は、各々その議員の資格に関する争訟を裁判する。但し、議員の議席を失はせるには、出席議員の三分の二以上の多数による議決を必要とする。

第五十六条　両議院は、各々その総議員の三分の一以上の出席がなければ、議事を開き議決することができない。

２　両議院の議事は、この憲法に特別の定のある場合を除いては、出席議員の過半数でこれを決し、可否同数のときは、議長の決するところによる。

第五十七条　両議院の会議は、公開とする。但し、出席議員の三分の二以上の多数で議決したときは、秘密会を開くことができる。

２　両議院は、各々その会議の記録を保存し、秘密会の記録の中で特に秘密を要すると認められるもの以外は、これを公表し、且つ一般に頒布しなければならない。

３　出席議員の五分の一以上の要求があれば、各議員の表決は、これを会議録に記載しなければならない。

第五十八条　両議院は、各々その議長その他の役員を選任する。

２　両議院は、各々その会議その他の手続及び内部の規律に関する規則を定め、又、院内の秩序をみだした議員を懲罰することができる。但し、議員を除名するには、出席議員の三分の二以上の多数による議決を必要とする。

第五十九条　法律案は、この憲法に特別の定のある場合を除いては、両議院で可決したとき法律となる。

２　衆議院で可決し、参議院でこれと異なつた議決をした法律案は、衆議院で出席議員の三分の二以上の多数で再び可決したときは、法律となる。

３　前項の規定は、法律の定めるところにより、衆議院が、両議院の協議会を開くことを求めることを妨げない。
4　参議院が、衆議院の可決した法律案を受け取つた後、国会休会中の期間を除いて六十日以内に、議決しないときは、衆議院は、参議院がその法律案を否決したものとみなすことができる。

第六十条　予算は、さきに衆議院に提出しなければならない。
2　予算について、参議院で衆議院と異なつた議決をした場合に、法律の定めるところにより、両議院の協議会を開いても意見が一致しないとき、又は参議院が、衆議院の可決した予算を受け取つた後、国会休会中の期間を除いて三十日以内に、議決しないときは、衆議院の議決を国会の議決とする。

第六十一条　条約の締結に必要な国会の承認については、前条第二項の規定を準用する。

第六十二条　両議院は、各々国政に関する調査を行ひ、これに関して、証人の出頭及び証言並びに記録の提出を要求することができる。

第六十三条　内閣総理大臣その他の国務大臣は、両議院の一に議席を有すると有しないとにかかはらず、何時でも議案について発言するため議院に出席することができる。又、答弁又は説明のため出席を求められたときは、出席しなければならない。

第六十四条　国会は、罷免の訴追を受けた裁判官を裁判するため、両議院の議員で組織する弾劾裁判所を設ける。
2　弾劾に関する事項は、法律でこれを定める。

第五章　内閣

第六十五条　行政権は、内閣に属する。

第六十六条　内閣は、法律の定めるところにより、その首長たる内閣総理大臣及びその他の国務大臣でこれを組織する。
2　内閣総理大臣その他の国務大臣は、文民でなければならない。
3　内閣は、行政権の行使について、国会に対し連帯して責任を負ふ。

第六十七条　内閣総理大臣は、国会議員の中から国会の議決で、これを指名する。この指名は、他のすべての案件に先だつて、これを行ふ。
2　衆議院と参議院とが異なつた指名の議決をした場合に、法律の定めるところにより、両議院の協議会を開いても意見が一致しないとき、又は衆議院が指名の議決をした後、国会休会中の期間を除いて十日以内に、参議院が、指名の議決をしないときは、衆議院の議決を国会の議決とする。

第六十八条　内閣総理大臣は、国務大臣を任命する。但し、その過半数は、国会議員の中から選ばれなければならない。
2　内閣総理大臣は、任意に国務大臣を罷免することができる。

第六十九条　内閣は、衆議院で不信任の決議案を可決し、又は信任の決議案を否決したときは、十日以内に衆議院が解散されない限り、総辞職をしなければならない。

第七十条　内閣総理大臣が欠けたとき、又は衆議院議員総選挙の後に初めて国会の召集があつたときは、内閣は、総辞職をしなければならない。

第七十一条　前二条の場合には、内閣は、あらたに内閣総理大臣が任命されるまで引き続きその職務を行ふ。

第七十二条　内閣総理大臣は、内閣を代表して議案を国会に提出し、一般国務及び外交関係について国会に報告し、並びに行政各部を指揮監督する。
第七十三条 内閣は、他の一般行政事務の外、左の事務を行ふ。
一 法律を誠実に執行し、国務を総理すること。
二 外交関係を処理すること。
三 条約を締結すること。但し、事前に、時宜によつては事後に、国会の承認を経ることを必要とする。
四 法律の定める基準に従ひ、官吏に関する事務を掌理すること。
五 予算を作成して国会に提出すること。
六 この憲法及び法律の規定を実施するために、政令を制定すること。但し、政令には、特にその法律の委任がある場合を除いては、罰則を設けることができない。
七 大赦、特赦、減刑、刑の執行の免除及び復権を決定すること。
第七十四条 法律及び政令には、すべて主任の国務大臣が署名し、内閣総理大臣が連署することを必要とする。
第七十五条 国務大臣は、その在任中、内閣総理大臣の同意がなければ、訴追されない。但し、これがため、訴追の権利は、害されない。

第六章 司法

第七十六条 すべて司法権は、最高裁判所及び法律の定めるところにより設置する下級裁判所に属する。
2 特別裁判所は、これを設置することができない。行政機関は、終審として裁判を行ふことができない。
3 すべて裁判官は、その良心に従ひ独立してその職権を行ひ、この憲法及び法律にのみ拘束される。
第七十七条 最高裁判所は、訴訟に関する手続、弁護士、裁判所の内部規律及び司法事務処理に関する事項について、規則を定める権限を有する。
2 検察官は、最高裁判所の定める規則に従はなければならない。
3 最高裁判所は、下級裁判所に関する規則を定める権限を、下級裁判所に委任することができる。
第七十八条 裁判官は、裁判により、心身の故障のために職務を執ることができないと決定された場合を除いては、公の弾劾によらなければ罷免されない。裁判官の懲戒処分は、行政機関がこれを行ふことはできない。
第七十九条 最高裁判所は、その長たる裁判官及び法律の定める員数のその他の裁判官でこれを構成し、その長たる裁判官以外の裁判官は、内閣でこれを任命する。
2 最高裁判所の裁判官の任命は、その任命後初めて行はれる衆議院議員総選挙の際国民の審査に付し、その後十年を経過した後初めて行はれる衆議院議員総選挙の際更に審査に付し、その後も同様とする。
3 前項の場合において、投票者の多数が裁判官の罷免を可とするときは、その裁判官は、罷免される。
4 審査に関する事項は、法律でこれを定める。
5 最高裁判所の裁判官は、法律の定める年齢に達した時に退官する。
6 最高裁判所の裁判官は、すべて定期に相当額の報酬を受ける。この報酬は、在任中、これを減額することができない。
第八十条 下級裁判所の裁判官は、最高裁判所の指名した者の名簿によつて、内閣でこれを任命する。その裁判官は、任期を十年とし、再任されることができる。但し、法律の定める年齢に達した時には退官する。
2　下級裁判所の裁判官は、すべて定期に相当額の報酬を受ける。この報酬は、在任中、これを減額することができない。
第八十一条　最高裁判所は、一切の法律、命令、規則又は処分が憲法に適合するかしないかを決定する権限を有する終審裁判所である。
第八十二条　裁判の対審及び判決は、公開法廷でこれを行ふ。
2　裁判所が、裁判官の全員一致で、公の秩序又は善良の風俗を害する虞があると決した場合には、対審は、公開しないでこれを行ふことができる。但し、政治犯罪、出版に関する犯罪又はこの憲法第三章で保障する国民の権利が問題となつてゐる事件の対審は、常にこれを公開しなければならない。

第七章　財政

第八十三条　国の財政を処理する権限は、国会の議決に基いて、これを行使しなければならない。
第八十四条　あらたに租税を課し、又は現行の租税を変更するには、法律又は法律の定める条件によることを必要とする。
第八十五条　国費を支出し、又は国が債務を負担するには、国会の議決に基くことを必要とする。
第八十六条　内閣は、毎会計年度の予算を作成し、国会に提出して、その審議を受け議決を経なければならない。
第八十七条　予見し難い予算の不足に充てるため、国会の議決に基いて予備費を設け、内閣の責任でこれを支出することができる。
2　すべて予備費の支出については、内閣は、事後に国会の承諾を得なければならない。
第八十八条　すべて皇室財産は、国に属する。すべて皇室の費用は、予算に計上して国会の議決を経なければならない。
第八十九条　公金その他の公の財産は、宗教上の組織若しくは団体の使用、便益若しくは維持のため、又は公の支配に属しない慈善、教育若しくは博愛の事業に対し、これを支出し、又はその利用に供してはならない。
第九十条　国の収入支出の決算は、すべて毎年会計検査院がこれを検査し、内閣は、次の年度に、その検査報告とともに、これを国会に提出しなければならない。
2　会計検査院の組織及び権限は、法律でこれを定める。
第九十一条　内閣は、国会及び国民に対し、定期に、少くとも毎年一回、国の財政状況について報告しなければならない。

第八章　地方自治

第九十二条　地方公共団体の組織及び運営に関する事項は、地方自治の本旨に基いて、法律でこれを定める。
第九十三条　地方公共団体には、法律の定めるところにより、その議事機関として議会を設置する。
2　地方公共団体の長、その議会の議員及び法律の定めるその他の吏員は、その地方公共団体の住民が、直接これを選挙する。
第九十四条　地方公共団体は、その財産を管理し、事務を処理し、及び行政を執行する権能を有し、法律の範囲内で条例を制定することができる。
第九十五条　一の地方公共団体のみに適用される特別法は、

法律の定めるところにより、その地方公共団体の住民の投票においてその過半数の同意を得なければ、国会は、これを制定することができない。

第九章　改正

第九十六条　この憲法の改正は、各議院の総議員の三分の二以上の賛成で、国会が、これを発議し、国民に提案してその承認を経なければならない。この承認には、特別の国民投票又は国会の定める選挙の際行はれる投票において、その過半数の賛成を必要とする。

2　憲法改正について前項の承認を経たときは、天皇は、国民の名で、この憲法と一体を成すものとして、直ちにこれを公布する。

第十章　最高法規

第九十七条　この憲法が日本国民に保障する基本的人権は、人類の多年にわたる自由獲得の努力の成果であつて、これらの権利は、過去幾多の試錬に堪へ、現在及び将来の国民に対し、侵すことのできない永久の権利として信託されたものである。

第九十八条　この憲法は、国の最高法規であつて、その条規に反する法律、命令、詔勅及び国務に関するその他の行為の全部又は一部は、その効力を有しない。

2　日本国が締結した条約及び確立された国際法規は、これを誠実に遵守することを必要とする。

第九十九条　天皇又は摂政及び国務大臣、国会議員、裁判官その他の公務員は、この憲法を尊重し擁護する義務を負ふ。

第十一章　補則

第百条　この憲法は、公布の日から起算して六箇月を経過した日から、これを施行する。

2　この憲法を施行するために必要な法律の制定、参議院議員の選挙及び国会召集の手続並びにこの憲法を施行するために必要な準備手続は、前項の期日よりも前に、これを行ふことができる。

第百一条　この憲法施行の際、参議院がまだ成立してゐないときは、その成立するまでの間、衆議院は、国会としての権限を行ふ。

第百二条　この憲法による第一期の参議院議員のうち、その半数の者の任期は、これを三年とする。その議員は、法律の定めるところにより、これを定める。

第百三条　この憲法施行の際現に在職する国務大臣、衆議院議員及び裁判官並びにその他の公務員で、その地位に相応する地位がこの憲法で認められてゐる者は、法律で特別の定をした場合を除いては、この憲法施行のため、当然にはその地位を失ふことはない。但し、この憲法によつて、後任者が選挙又は任命されたときは、当然その地位を失ふ。

あとがき

二〇一五年九月十九日。戦争のできる国にしようとする安保法が可決される日。わたしは大工仕事で栃木から東京の郊外の大型店舗に出向いていた。安保法反対の国会前行動は大勢の市民や若者で盛り上がっていた。その日の店舗仕事は残業になり、終わったのが夜八時。そのあと仲間とトラックを駆り国会に向かった。途中で車を置いて、電車で国会前に駆け付けた。シールズが早いラップ調で「憲法守れ」「憲法守れ」の声を上げている。「安保反対」「安保反対」の声に聞き慣れていたわたしには新鮮な響きだ。時代が変わっている。わたしもその中に入り、声をあげた。周りを見てもほとんど市民の人たちだった。新鮮だ。深夜、トラックを駆って、栃木に帰る車中のラジオで安保法が可決したことを聞いた。いよいよ憲法違反の戦争のできる国がはじまる。なんとしても戦争のしない国に押し戻さなければ、と心した。

そんな体験があるわたしが、まさか『大工の明良、憲法を読む——土台と大黒柱が肝心！』という題名で本を出すとは思ってもみなかった。この本の成立には数奇なものがある。出発は四十三年前の、八月十五日からはじまる戦後カレンダーの発行。これに協力してくれた平田明紀さんをはじめとする仲間がいる。三一〇万人と二千万人の死者を忘れないと毎年出すたびに、わたしは戦争のことを考えつづけた。雄三根本さんは刺激的な発信をいつも送ってくれた。

節目の戦後七十年直前に、わたしなりの先の戦争を総括する本として、『八月十五日のうた』

（随想舎）を出した。ここで、はじめて憲法をとりあげ、主要な条文解説を書いた。それを読んだ朝日新聞栃木版記者の堀井正明さんから、おもしろいので、憲法を読んでの「びっくり」を書いてほしいと依頼された。それで「憲法びっくり」の題で十四回連載した。ふだんのことばで憲法のことを書いて、わかりやすくおもしろい、と近所の奥さんにも評判だったので、多くの知人にコピーして配った。そんなとき木村聖哉さんに出会った。「憲法びっくり」に対して的確で、核心をつくことばを送ってくれて心強かった。

わたしはその余勢で、憲法全条文の「びっくり」を書くことを試みた。そして、前半の四十条までを、小冊子私家版『憲法びっくり　上』をつくった。そんなとき若いママの中井美樹、中江綾さんに出会う。「戦後カレンダーがすばらしい」と子どもたちとともにわざわざ買いに来てくれた。そこで「憲法びっくり」を紹介して、読書会を開いてもらった。日曜日の午前中に子どもたちをパパに見てもらって、ママ仲間との憲法読書会。わたしも話に出向いた。と同時に、私家版ではなく、本格的な出版を目指し、そのための再構成原稿を二人のママたちと知人の鶴丸光世さん、「憲法びっくり」に共鳴してくれた飯沼一浩さんにも読んでもらって、内容を修正して仕上げた。

出版社を当たる段になって、木村聖哉さんに紹介していただいた現代書館の菊地泰博さんと出会う。題名を「憲法びっくり」から『大工と憲法』にして、大工目線を入れたものを追加してほしい、という提案をしてくれた。家づくりは土台と大黒柱が大事、憲法も国の土台であり大黒柱。そこに目をつけ、大工目線で書く。家づくりと国家づくりの比較で、家づくりに設計図が不可欠であるように、国家づくりの設計図が憲法となる。家づくりは誰でも関心を持っていることで、大人であれば、一度は図面を自分で書いてみたいと思う。その意味でとても身近だ。それと同じで、国家づくりの図面が憲法だということで、書いてみると、とても憲法が身近に感じられ、積極的に憲法を見ることができることを発見した。家づくりの主人公が建て主のわたしであるように、国家づくりの主人公が主権者である国民、つまりわたし、ということになる。こうして最終的に題名をより具体的に『大工の明良、憲法を読む——土台と大黒柱が肝心！』として、編集者の吉田秀登さん、雨宮由李子さんにもお世話になり、この本が生まれた。最終段階で上野千鶴子さんに推薦文をお願いしたところ、快く引き受けて下さり、さらには間違いの指摘と校正、そして新しい提案までしていただいた。また弁護士の澤藤統一郎さんにも目を通していただきアドバイスをいただいた。本当にありがとうございます。

少しでも多くの人にこの本を読んでもらい、憲法のすばらしさ、大切さを知ってもらいたい。とくに憲法前文にある憲法の理想を私たちのものにしたい。差別や貧困を、戦争を世界からなくす理想がそこにある。この理想は詩人のたわごとではなく、憲法という現実が指示する理想であることをみんなに知ってもらって、それを実現する政治にしたい。読書会を開いてほしい。そのおりには私が出向き小さくても対話集会をしたい。草の根から憲法を学んで深めましょう。

二〇一八年八月二日

明良佐藤

■著者紹介

明良佐藤（あきよし・さとう）旧姓・小関明良

1943年に東京都で生まれる。都立世田谷工業高校卒、慶應義塾大学通信教育過程文学部中退。

町工場事務員、慶應義塾大学三田図書館勤務、都内養護施設勤務を経た後、田舎暮らしを目ざして30代後半、大工見習いとなる。40歳にして移住し、栃木県茂木町にて電柱の廃材を使ったログハウスをつくり始める。

家具遊具づくりから、大工として長年働く。現在、ゴミ問題を考える栃木県連絡会運営委員、原発いらない栃木の会、放射線計測担当、戦争法の廃止と立憲主義の回復を求める栃木県民ネットワーク運営委員。

著書に『八月十五日のうた—戦後に育つ子が伝える父・母・祖父母の戦争』（随想舎)、『子から父へ　死と再生—戦後に生きる者が受け継ぐもの』（プランズ・ユー)、『日本人の精神と西洋人の精神——原理比較精神論』（青年社）『—魂の叫びを受け止めて—「少年A」（酒鬼薔薇聖人）のお母さんへの手紙「かあさん、まちがっているかもしれないけど、僕をわかってほしかった」——「少年A・この子を産んで…」批判』（私家版)、『生活者の責任として、父たち母たちの戦争をどうひき継ぐか——新しい精神の自覚まで——『敗戦後論』批判・加藤典洋さんへの手紙として』（私家版）などがある。

大工《だいく》の明良《あきよし》、憲法《けんぽう》を読《よ》む——土台《どだい》と大黒柱《だいこくばしら》が肝心《かんじん》！

2018年10月15日　第1版第1刷発行

著　者　明良佐藤
発行者　菊地泰博
発行者　株式会社現代書館
東京都千代田区飯田橋 3-2-5　〒 102-0072
電話：03-3221-1321
FAX：03-3262-5906
振替：00120-3-83725
http://www.gendaishokan.co.jp

組　版　具羅夢
印　刷　平河工業社（本文）　東光印刷所（カバー）
製　本　鶴亀製本
装　幀　伊藤滋章
イラスト　清重伸之

校正協力・沖山里枝子

 ISBN978-4-7684-5837-2